Für Dich

Die Deutsche Nationalbibliothek verzeichnet diese Publikation in der Deutschen Nationalbibliografie; detaillierte bibliografische Daten sind im Internet über www.dnb.de abrufbar.

Bachelor of Time – Zeitmanagement im Studium von Tim Reichel

Studienscheiss UG (haftungsbeschränkt)
Rathausstr. 24 B, 52072 Aachen
kontakt@studienscheiss.de
Geschäftsführer: Tim Reichel
Registergericht: Amtsgericht Aachen
Registernummer: HRB 19105
USt-IdNr.: DE295455486

Erste, überarbeitete Auflage, Januar 2017

© 2017 Studienscheiss Verlag, Aachen

ISBN: 978-3-9818191-0-6 Print (Hardcover)
ISBN: 978-3-9818191-1-3 E-Book (PDF)
ISBN: 978-3-9818191-2-0 E-Book (MOBI)
ISBN: 978-3-9818191-3-7 E-Book (EPUB)
ISBN: 978-3-9818191-4-4 Audio (Hörbuch)

Umschlaggestaltung, Layout und Satz: Tim Reichel, Aachen
Umschlagmotiv: Melanie Schwarz, Aachen
Lektorat: Claudia Henning, Köln
Korrektorat: Nadine Joop, Hildesheim
Foto: Sajoscha Blinn, Bottrop
Herstellung: Druck- und Verlagshaus Mainz GmbH, Aachen
Printed in Germany

www.studienscheiss.de

Bachelor of Time

Zeitmanagement im Studium

Tim Reichel

Studienscheiss Verlag

Inhalt

🕐

Mehr Tipps für dein Studium:

www.studienscheiss.de

___

Start

Voll bis obenhin

21:32 Uhr. Du sitzt an deinem Schreibtisch und ärgerst dich.

Der Tag ist fast vorbei und du hast wieder nichts für die Uni geschafft. Dabei hattest du heute viel vor: Du wolltest die beiden neuen Kapitel durcharbeiten, das Skript lesen und die Vorlesungsfolien zusammenfassen.

Bald kommen die ersten Klausuren und du musst jetzt schon richtig Gas geben, um den ganzen Lernstoff noch in den Kopf zu bekommen. Es gibt mehr als genug zu tun und du hattest dir für heute besonders viel vorgenommen. Doch irgendwie hat es nicht geklappt. Wieder nicht.

Aber warum hast du nur einen Bruchteil von dem erledigt, was auf deiner To-do-Liste stand? Warum kommst du deinen Zielen nicht näher und wirst von neuen Aufgaben überrannt?

Lass mich raten: Du hast zu wenig Zeit.

Willkommen im Club.

Wir alle haben wenig Zeit. Doch einige von uns nutzen diese wenige Zeit einfach besser als andere. Aber du gehörst nicht dazu. Noch nicht.

Studieren ist ein Fulltime-Job. Während der Vorlesungszeit hetzt du von einer Univeranstaltung zur nächsten, kämpfst dich durch Skripte und Bücher oder triffst dich mit deiner Lerngruppe. Nebenbei hast du vielleicht noch einen Studentenjob und musst dich um deine Wohnung kümmern.

Wenn du dann noch eine Studienarbeit schreiben musst oder andere Verpflichtungen hast, bleibt noch weniger freie Zeit übrig. Nach den Vorlesungen wird es nicht besser, denn jetzt kommen die Prüfungen. Das heißt für dich: endlos lange Klausurvorbereitungen, lernen bis an die Schmerzgrenze und jede Menge Prüfungsstress.

Dein Kalender ist voll. Voll bis obenhin. Gefühlt kommen mit einer erledigten Aufgabe fünf neue Punkte auf deiner To-do-Liste dazu. Der Umgang mit Zeit wird immer wichtiger und zum Erfolgsfaktor Nummer Eins.

Deshalb musst du deinen Fokus auf die wichtigen Dinge legen und produktiv studieren. Denn dann sitzt du nie wieder unmotiviert und überfordert an deinem Schreibtisch und überlegst, warum du dir das alles antust.

Die Frage ist nur: Wie soll das gehen?

Was du an der Uni nicht lernst

Definitionen, Konzepte, Herleitungen: Im Studium lernst du eine ganze Menge. Du wirst zu einem akademischen Spezialisten ausgebildet – vollgestopft mit Fachwissen und der Fähigkeit, in kürzester Zeit möglichst viele Informationen aufzunehmen, um diese dann in einer Prüfung herauszuquetschen.

Du lernst in deiner Zeit an der Hochschule unglaublich viele Inhalte und theoretische Methoden. Eine Sache lernst du aber nicht: wie du dich effizient selbst organisierst.

Indem dein Studienplan sehr dicht aufgebaut ist und deine Module mit Workloads vollgeladen (und überladen) sind, wirst du zwar dazu gezwungen, schnell und hart zu arbeiten, aber eine systematische Herangehensweise steht leider nicht im Lehrplan.

Eigentlich soll das Studium einen zielstrebigen Menschen aus dir machen, der Prioritäten setzen und zwischen Wichtigem und Unwichtigem unterscheiden kann. Aber wenn du das wirklich erreichen willst, musst du dir das schon selbst beibringen.

Nach der Vorlesung „Zeitmanagement – 5 ECTS" im 1. oder 2. Semester sucht man leider vergeblich. Dabei wäre sie in wirklich jedem Studiengang sinnvoll und könnte das Leben vieler Studenten radikal verbessern.

Aber es nützt ja nichts: Wenn du dein Studium umkrempeln und endlich den Erfolg haben möchtest, der dir zusteht, musst du selbst aktiv werden. Du musst die Sache in die eigene Hand

nehmen. Sonst kannst du dich von deinen Traumnoten verab-
schieden und wirst dich bis zu deinem Abschluss gestresst von
Prüfung zu Prüfung quälen.

Woher ich das weiß? Ich arbeite seit fünf Jahren an einer großen deutschen Universität (RWTH Aachen) als Fachstudienberater. Ich coache täglich Studenten, berate bei Schwierigkeiten
im Studium, schreibe Prüfungsordnungen und begleite Akkreditierungsverfahren.

Über meine Plattform studienscheiss.de helfe ich tausenden
Studenten deutschlandweit dabei, ihr Studium zu organisieren
und sich im Bürokratiedschungel der Hochschullandschaft
zurechtzufinden.

Wenn ich mich mit irgendeiner Sache auf dieser Welt ausken-
ne, dann mit Studienorganisation. Nicht besonders sexy, aber
meganützlich, wenn man zufällig gerade studiert. Ich weiß, wie
Studieren funktioniert – und in diesem Buch zeige ich dir, wie
du dein Zeitmanagement auf die Reihe bekommst und dein
Studium aufs nächste Level bringen kannst.

Zusammen verschaffen wir dir den wichtigsten und nachhaltigs-
ten Titel deiner Karriere: deinen Bachelor of Time!

Wie dir dieses Buch helfen wird

An der Uni lernst du also kaum etwas über Zeitmanagement oder produktive Selbstorganisation. Und das ist ein Riesenproblem!

Aber keine Sorge: Du kannst selbst etwas daran ändern – und dieses Buch wird dir dabei helfen.

Um genau zu sein, zeige ich dir in diesem Buch, wie du dein Zeitmanagement von Grund auf verbessern kannst und dein Studium so organisierst, dass du weniger lernen musst und gleichzeitig bessere Noten bekommst.

Dadurch holst du dir die Kontrolle über dein Studentenleben zurück und hast am Ende mehr Freizeit auf einem höheren Qualitätslevel.

Die Sache hat nur einen Haken: Du musst dafür arbeiten. Geschenkt gibt es das nicht – doch der Aufwand wird sich lohnen. Denn eine Verbesserung deines Zeitmanagements führt dich automatisch zu einem erfolgreichen Studium und in ein glücklicheres Leben.

Dazu gehen wir zusammen durch die sieben Kapitel (Semester) dieses Buches und sehen uns zunächst ein paar nützliche Konzepte und Methoden an, die deine Arbeitsweise ordentlich aufmöbeln werden.

Damit das Ganze nicht so trocken bleibt, bekommst du bei jeder Gelegenheit Beispiele aus dem Unialltag und Best-Practice-Anleitungen.

Das sind die 6 + 1 Semester in deinem Bachelor of Time:

1. Semester: Ziele festlegen

2. Semester: Prioritäten setzen

3. Semester: Pläne schmieden

4. Semester: Endlich anfangen

5. Semester: Produktiv werden

6. Semester: Gewohnheiten aufbauen

Bonus-Semester: Motiviert bleiben

Nach jedem Semester gibt es noch ein paar Tipps und Tricks für dich in diesen drei Kategorien:

👁 Auf einen Blick
Knackige Übersicht und kurze Zusammenfassung der wichtigsten Punkte aus dem Kapitel.

☆ Aufgabe
Praxistipps und Aufgaben für dich, damit du die neuen Methoden direkt ausprobieren und anwenden kannst.

💡 Lesetipps
Weiterführende Quellen und interessante Bücher, die zum Thema passen und einen echten Mehrwert bieten.

Die Kapitel in diesem Buch bauen systematisch aufeinander auf. Deswegen empfehle ich dir, die Semester in der vorgeschlagenen Reihenfolge zu lesen und chronologisch durchzuarbeiten.

Auf diese Weise kannst du den größten Nutzen aus diesem Buch ziehen und wirst schnell die ersten Fortschritte in deinem Zeitmanagement sehen.

Bist du bereit?

Dann legen wir los. Das hier war die Einschreibung – jetzt kommt das 1. Semester deines Bachelor of Time.

---

1. Semester:

Ziele festlegen

Was möchtest du erreichen?

Viele Studenten denken, dass sie Ziele haben. In Wirklichkeit haben sie aber nur ein paar Träume und Wunschvorstellungen, die ihnen durch den Kopf schwirren.

Klare Ziele für die Zukunft: Fehlanzeige.

Und genau das ist das Problem. Ohne Ziele nutzt auch das beste Zeitmanagement nichts. Denn wie willst du etwas erreichen, von dem du gar nicht genau weißt, was es überhaupt ist?

Richtig, gar nicht.

Sich keine Ziele zu setzen, ist eine der wirkungsvollsten Methoden, um ein ganzes Leben lang unproduktiv und erfolglos zu bleiben. Besser kannst du dich selbst nicht ausbremsen.

Dazu eine interessante Studie: Nur etwa drei Prozent aller Menschen haben klare, schriftlich fixierte Ziele. Aber diese drei Prozent schaffen fünf- bis zehnmal mehr als alle anderen zusammen. Und das nur, weil sie ihre Ziele festgelegt und aufgeschrieben haben!

Erst klare Ziele helfen dir dabei, herausragende Ergebnisse zu erreichen – und das nicht nur im Studium. Denn sobald du weißt, wo du hin möchtest, kannst du den genauen Weg dorthin festlegen und die richtigen Schritte unternehmen. Sonst nicht.

Ohne Ziele bist du planlos und wirst scheitern, bevor du überhaupt angefangen hast. Erfolgslevel: immer weit unter deinen

Möglichkeiten. Und das nimmt dir die Motivation und macht dich langfristig unglücklich. Ohne Ziele gerätst du in eine Negativspirale, die sich immer weiter abwärts dreht.

Damit das nicht passiert, musst du dir darüber klar werden, was genau du erreichen möchtest und deine Zielvorstellungen clever festlegen. Dadurch bekommst du Orientierung im hektischen Unialltag, schaffst sofort mehr Struktur in deinem Studium und konzentrierst dich endlich aufs Wesentliche.

Übrigens: „Das Studium schaffen und erfolgreich sein." ist zwar ein vernünftiger Vorsatz und eine schöne Zukunftsvision – als Ziel ist diese Aussage aber völlig ungeeignet. Warum? Undeutlich, unverbindlich, kein zeitlicher Bezug. Das macht unterm Strich: Wischiwaschi hoch drei.

Wie es richtig geht, schauen wir uns jetzt an.

Wenn schon, dann SMART

Gut, du brauchst also Ziele. Aber wie formulierst du deine Ziele? Einfache Antwort: so klar wie möglich!

Dazu gibt es einen schönen und einfachen Ansatz aus dem Projektmanagement: Ziele müssen SMART sein.

Das steckt hinter dem SMART-Konzept:

S   Spezifisch (specific)
M   Messbar (measurable)
A   Angemessen (asignable)
R   Realistisch (realistic)
T   Terminiert (time framed)

Deine Ziele sollten also diese fünf Eigenschaften (spezifisch, messbar, angemessen, realistisch, terminiert) erfüllen, um die größte Wirkung zu entfalten. Hierzu ein paar Beispiele:

Spezifisch

Du solltest dein Ziel spezifisch, also möglichst konkret formulieren. Denn nur, wenn du dein Ziel eindeutig und präzise festlegst, kannst du sicher darauf hinarbeiten.

Anwendungsbeispiel: Nehmen wir an, du möchtest dein Ziel für eine bestimmte Klausur in diesem Semester festlegen.

So geht's nicht:

Ich werde die Klausur ganz gut bestehen.

Sondern so:

Ich werde die Klausur mit der Note 2,0 bestehen.

Gib deine Zielformulierung immer so genau wie möglich an!

Dein Ziel ist kein verschwommener Wunsch, sondern der erste Schritt zur Umsetzung. Je konkreter du dich dabei festlegst, desto besser kannst du dir das Ergebnis vorstellen – und wirst es deswegen auch mit viel höherer Wahrscheinlichkeit erreichen.

Messbar

Alle Ziele, die du dir setzt, sollten messbar und quantifizierbar sein. Sonst kannst du niemals überprüfen, ob du konsequent an deinen Zielen gearbeitet und diese am Ende auch erreicht hast.

Anwendungsbeispiel: Du möchtest morgen Nachmittag ein paar Stunden lernen.

So geht's nicht:

Ich werde morgen Nachmittag etwas für die Uni machen.

Sondern so:

Ich werde morgen Nachmittag von 14:00 Uhr bis 17:00 Uhr für das Fach XYZ lernen.

Erst wenn du dein Ziel messbar und genau formuliert hast, wird es verbindlich für dich. Außerdem kannst du dann im Nachhinein kontrollieren, wie gut du deine Ziele erreicht hast.

Angemessen

Dein Ziel solltest du angemessen und attraktiv formulieren, damit du nicht direkt in ein Motivationsloch fällst, sondern den Wunsch hast, das Ziel auch wirklich zu erreichen.

So geht's nicht:

> Morgen wiederhole ich den ganzen Tag die unnötigen Definitionen aus Kapitel 2.

Sondern so:

> Morgen werde ich zwei Stunden lang wichtige Grundlagen aus Kapitel 2 lernen. Danach mache ich eine Pause.

Die negative Zielformulierung wird also positiv umgeschrieben. Außerdem wurde der völlig demotivierende Zeitrahmen („den ganzen Tag") auf ein Zeitfenster von zwei Stunden verkürzt. Damit ist das Ziel angemessen und (zumindest etwas) attraktiver geworden.

Egal, wie dein Ziel aussieht: Wenn du es nicht akzeptierst und in vollem Umfang annimmst, wirst du es niemals erreichen. Achte deshalb darauf, dass deine Ziele angemessen und attraktiv sind.

Realistisch

Sich Ziele zu setzen, ist kein Wunschkonzert. Natürlich ist es völlig in Ordnung, wenn du hoch hinaus möchtest, aber deine Ziele müssen immer realistisch bleiben und den aktuellen Tatsachen gerecht werden.

So geht's nicht:

> Heute Abend werde ich vier Kapitel aus dem Buch zusammenfassen und 30 Seiten meiner Bachelorarbeit schreiben.

Sondern so:

> Heute Abend werde ich zwei Stunden an meiner Zusammenfassung von Kapitel 1-4 arbeiten und danach eine Stunde an meiner Bachelorarbeit schreiben.

Wenn du deine Ziele so formulierst, dass du sie gar nicht erst erreichen kannst, ist das ganze Konzept sinnlos. Ziele müssen realistisch sein, sonst hast du keine Lust, an ihnen zu arbeiten und bist am Ende nur enttäuscht – von dir.

Terminiert

Die letzte wichtige Eigenschaft für deine Ziele: Sie müssen terminiert sein. Erst wenn deine Ziele an einen zeitlichen Rahmen gebunden sind, kannst du fokussiert mit der Umsetzung beginnen.

So geht's nicht:

> Ich werde das Vorlesungsskript lesen.

Sondern so:

> Samstagnachmittag werde ich von 13:00 Uhr bis 17:00 Uhr
> das Vorlesungsskript lesen.

Erst durch diese zeitliche Komponente wird deine Zielformulierung komplett und damit so verbindlich, dass du genau weißt, was zu tun ist. Nämlich: Samstagnachmittag von 13:00 Uhr bis 17:00 Uhr das Skript lesen!

Das SMART-Konzept ist ein schönes Werkzeug, mit dem du deine Ziele schnell und einfach formulieren kannst. Die fünf Eigenschaften sorgen dafür, dass dein Ziel klar und verständlich wird.

Doch manchmal bringt es dich nicht weiter, wenn du deine Ziele auf den Punkt genau definierst. Manchmal brauchst du Spielraum. Was machst du zum Beispiel, wenn du in den zwei Stunden doch mehr als das eine Kapitel schaffst? Hörst du dann auf zu lernen und vertrödelst die restliche Zeit mit YouTube?

Nein, sicher nicht!

Wir brauchen also noch einen etwas anderen Ansatz. Deshalb nehmen wir jetzt das Minimal- und das Maximalprinzip dazu.

Mindestens das Maximum

Ziele können nicht immer genau formuliert oder spezifisch auf den Punkt gebracht werden. Und das müssen sie auch nicht, denn es soll ja realistisch bleiben.

Ein Beispiel: Es gibt zwei Arten von Studenten. Die einen möchten in jedem Modul so gut wie möglich abschneiden und das Maximum aus ihrem Studium herausholen. Die anderen wollen einfach nur bestehen und mit minimalem Aufwand alle Prüfungen hinter sich bringen.

Hier gibt es kein spezifisch messbares Ziel, sondern eine relative Beschreibung des gewünschten Zustands: maximaler Erfolg und minimaler Aufwand.

Dahinter stecken zwei bekannte ökonomische Konzepte, nämlich das Minimal- und das Maximalprinzip. Und weißt du, was wir jetzt machen? Wir machen einen kurzen Abstecher in die Betriebswirtschaftslehre, schnappen uns diese beiden Ansätze und pimpen damit dein Studium.

Legen wir los.

Wirtschaft ist an sich ganz einfach. Im Grunde geht es bei allen Entscheidungen um zwei Dinge: Einsatz und Ertrag, Input und Output, rein und raus.

Mit diesen Variablen lässt sich fast jedes Problem abbilden, analysieren und bewerten; diese beiden Stellschrauben bestimmen auch das Minimal- und das Maximalprinzip.

Das Minimalprinzip ist ein wirtschaftlicher Grundsatz und auch unter dem Namen „Sparprinzip" zu finden. Definition (bpb):

Ein bestimmtes vorgegebenes Ziel soll unter dem Einsatz geringstmöglicher Mittel erreicht werden.

Das heißt also für unsere Schlüsselkomponenten:

- ✔ Fester Ertrag
- ✔ Minimaler Einsatz

Wenn wir das Minimalprinzip anwenden, versuchen wir also, ein festes Ziel zu erreichen und dafür so wenig wie möglich zu tun. Wir sparen folglich beim Einsatz und arbeiten so effizient wie möglich.

Drei klassische Beispiele:

- ✔ Wir kaufen 30 Liter Bier zum geringstmöglichen Preis.
- ✔ Wir fahren mit möglichst wenig Benzin nach Berlin.
- ✔ Wir putzen die Küche in kürzester Zeit.

Das Maximalprinzip ist genauso wie das Minimalprinzip ein ökonomisches Grundkonzept und funktioniert so (bpb):

Mit vorgegebenen Mitteln soll ein größtmöglicher Erfolg erreicht werden.

Das heißt also für unsere Schlüsselkomponenten:

- ✔ Fester Einsatz
- ✔ Maximaler Ertrag

Beim Maximalprinzip sind die Rahmenbedingungen im Vergleich zum Minimalprinzip also umgekehrt. Wir versuchen, mit einem festen Einsatz ein optimales Ergebnis zu erzielen. Dabei holen wir aus unseren gegeben Möglichkeiten das Beste heraus.

Auch hierzu drei klassische Beispiele:

- ✔ Wir kaufen für 50 Euro so viel Bier wie möglich.
- ✔ Wir fahren mit 40 Litern Benzin so weit, wie wir mit dem Auto kommen.
- ✔ Wir putzen in 35 Minuten möglichst viel von der Wohnung.

Fassen wir zusammen: Das Minimal- und das Maximalprinzip sind ökonomische Konzepte, haben zwei wichtige Komponenten und unterscheiden sich grundlegend in puncto Rahmenbedingungen.

Eine kleine Gegenüberstellung:

Minimalprinzip:

- ✔ Fester Ertrag
- ✔ Minimaler Einsatz

Maximalprinzip:

- ✔ Fester Einsatz
- ✔ Maximaler Ertrag

Wenn du diese beiden Ansätze zum ersten Mal siehst, denkst du dir vielleicht:

> „Hey, warum kombiniert man das nicht und versucht mit dem minimalen Einsatz das Bestmögliche zu erreichen?"

Das geht leider nicht.

Dieser spontane Gedanke ist zwar naheliegend, widerspricht aber allen geltenden Gesetzen, Studien und auch dem gesunden Menschenverstand.

Es ist nicht möglich, mit dem geringsten Lernaufwand die bestmögliche Note in einer Klausur zu schreiben. Es ist nicht möglich, mit dem geringsten Budget das beste Auto zu kaufen. Es ist nicht möglich, in kürzester Zeit den durchtrainiertesten Körper zu bekommen.

Du kannst immer nur an einer Stelle optimieren.

Beim Studieren ist es wichtig, dass du deine Ressourcen kennst, dir ein Ziel steckst, einen Plan entwickelst und dann für deinen Erfolg arbeitest. Das ist zwar unbequem, aber die Wahrheit.

Wenn du dir klar machst, was du an der Uni wirklich erreichen möchtest und deine Ziele deutlich vor Augen hast, kannst du deinen Studienerfolg stark verbessern.

Jetzt sehen wir uns noch an, wie du das Minimal- und das Maximalprinzip in deinem Studium richtig anwenden kannst. Nach drei einfachen Schritten bist du schon fertig.

Vorgehen beim Minimalprinzip

Beim Minimalprinzip legst du deinen Output fest und versuchst dabei, Ressourcen einzusparen. Halte dich einfach an die folgenden drei Schritte.

Schritt 1: Definiere ein festes Ziel!

Was willst du erreichen?

Schritt 2: Lege eine knappe Ressource fest!

Was soll eingespart werden?

Schritt 3: Formuliere deine Strategie!

Wie lautet deine Minimalstrategie?

Beispiel 1 (Klausur bestehen):

✔ Ich möchte die Klausur mit der Note 4,0 bestehen.

✔ Ich habe keine Lust zu lernen, weil mich das Fach nicht interessiert.

✔ Ich werde die Klausur mit so wenig Lernaufwand wie möglich bestehen.

Beispiel 2 (Regelstudienzeit):

✔ Ich möchte mein Studium erfolgreich beenden.

✔ Ich werde keine Zeit an der Uni verlieren.

✔ Ich werde mein Studium in der Regelstudienzeit oder schneller abschließen.

Beispiel 3 (Auslandssemester):

- ✔ Ich möchte ein Auslandssemester absolvieren.
- ✔ Ich habe nicht viel Geld.
- ✔ Ich werde ein Auslandssemester absolvieren und dafür möglichst wenig Geld ausgeben.

Ganz einfach, oder? Beim Maximalprinzip gehst du ähnlich vor und überlegst dir ebenfalls in drei Schritten, wie du dein Studium optimierst. Dieses Mal steht der Einsatz allerdings fest und deine Zielgröße wird variabel.

Vorgehen beim Maximalprinzip

Beim Maximalprinzip stehen deine Ressourcen fest und du versuchst, deinen Output zu maximieren. So gehst du dabei vor:

Schritt 1: Definiere eine feste Einsatzgröße!

Was kannst du einsetzen?

Schritt 2: Lege ein offenes Ziel fest!

Was soll optimiert werden?

Schritt 3: Formuliere deine Strategie!

Wie lautet deine Maximalstrategie?

Beispiel 1 (Klausur bestehen):

- ✔ Ich habe zwei Wochen Zeit zu lernen.
- ✔ Ich möchte die Klausur möglichst gut bestehen.

✓ Ich werde die Klausur in zwei Wochen mit der bestmöglichen Note bestehen.

Beispiel 2 (Netzwerken):

✓ Ich bin jede Woche 25 Stunden an der Uni.

✓ Ich werde in dieser Zeit möglichst viele Menschen kennenlernen.

✓ Ich werde die 25 Stunden pro Woche dazu nutzen, um mein Netzwerk bestmöglich auszubauen.

Beispiel 3 (Studentenwohnung):

✓ Ich habe ein Budget von 2.500 Euro.

✓ Ich möchte meine neue Wohnung möglichst gut einrichten.

✓ Ich werde meine Studentenwohnung für 2.500 Euro bestmöglich einrichten.

SMART, Minimum und Maximum: Jetzt kennst du schon drei Möglichkeiten, deine Ziele zu formulieren. Zum Abschluss des Kapitels gibt's jetzt noch ein paar Best-Practice-Beispiele zur Zielsetzung.

Damit kann dann nichts mehr schiefgehen.

Praxistipps für deine Ziele

Damit du bei der Zieldefinition keine blöden Anfängerfehler
begehst und deine Ziele optimal umsetzen kannst, schauen wir
uns jetzt noch ein paar gängige Methoden aus der Praxis an.

Halte dich an diese allgemeinen Hinweise und deine Ziele werden
messerscharf und durchschlagskräftig.

Schreib es auf!

Ein Ziel wird erst dann zu einem *richtigen* Ziel, wenn du es
schriftlich fixierst. Gewöhne dir daher an, deine Ziele aufzu-
schreiben.

Ganz klassisch auf Papier. Das mag zwar nur ein kleiner Schritt
sein – aber er hat großen Einfluss auf deine Erfolgsaussichten.

Indem du dein Ziel aufschreibst, gibst du ihm eine fassbare
Form: Du kannst es sehen und anfassen. Und dadurch wird es
real. Es ist jetzt kein verschwommener Wunsch oder irgendeine
Fantasievorstellung mehr, sondern ein verbindliches Ziel. Dein
Ziel.

Ein schriftlich fixiertes Ziel wird dich motivieren und anstacheln.
Es ist wie eine offizielle Vereinbarung mit dir selbst. Die Wahrscheinlichkeit, dass du diese Abmachung einhältst, ist viel
größer als bei einer spontanen Idee, die nur in deinem Kopf
herumschwirrt.

Teil es auf!

Wenn du deine Ziele zu groß formulierst, kann das abschreckend und demotivierend sein.

Dieses Problem kannst du beseitigen, indem du deine Ziele aufteilst und in kleine Zwischenziele herunterbrichst. Dabei wendest du die „Salami-Taktik" an und zerteilst alle größeren Ziele in kleine Scheibchen bzw. Aktivitäten.

Diese werden dann Schritt für Schritt erledigt, bis du alle Zwischenziele erreicht hast. Auf diese Weise nimmst du großen, mächtigen Zielen den Schrecken und konzentrierst dich auf die konkreten Maßnahmen.

Außerdem vermeidest du dadurch unproduktives Multitasking, weil du dich fokussiert einer bestimmten Aufgabe widmest und Ablenkungen leichter ausblenden kannst.

Pass gut auf!

Deine Ziele müssen von Zeit zu Zeit kontrolliert und angepasst werden. Denn nur, wenn du deine Ziele regelmäßig überprüfst, kannst du sicher sein, dass du auf dem richtigen Weg bist.

Das Problem: Du bist dein eigener Kontrolleur – und das ist manchmal unangenehm und schwierig. Nicht nur, weil du schnell betriebsblind wirst, sondern auch weil du konsequent und ehrlich mit dir selbst sein musst. Darum brauchst du eine kluge Strategie.

Lothar Seiwert stellt dazu in seinem Ratgeber „30 Minuten Zeitmanagement" einen vierstufigen Zielsetzungsprozess vor:

- ✔ Schritt 1: Ziele definieren
- ✔ Schritt 2: Maßnahmen planen
- ✔ Schritt 3: Aktivitäten realisieren
- ✔ Schritt 4: Zielerreichung kontrollieren

Nach Schritt 4 fängst du wieder bei Schritt 1 an und kontrollierst deine Zieldefinition. Im Laufe der Zeit werden sich deine Ziele und Erwartungen ändern.

Darum ist es wichtig, dass du in regelmäßigen Abständen kontrollierst, ob du auch wirklich auf das hinarbeitest, was du erreichen möchtest.

Freu dich drauf!

Positiv formulierte Ziele erhöhen automatisch deine Motivation für eine Aufgabe und sorgen dafür, dass du zielgerichtet auf dein Wunschergebnis hinarbeiten kannst.

Deine Motivation kannst du weiter steigern, indem du dir dein Ziel genau vorstellst und ein starkes mentales Bild erzeugst. In Gedanken hast du dein Ziel dann schon erreicht und nimmst die positiven Ergebnisse deiner Arbeit wahr.

Je intensiver diese Vorstellung, diese Visualisierung, desto stärker fällt die Motivationssteigerung aus.

Einen ähnlichen Effekt erreichst du mit Belohnungen: Immer, wenn du ein Zwischenziel erreicht hast und deinem großen Ziel einen kleinen Schritt näher gekommen bist, darfst du dich dafür belohnen.

Die Belohnung muss nicht groß sein, Hauptsache, sie motiviert dich und treibt dich an. Denn wenn du dich auf dein nächstes Ziel freust, kann dich bei der Umsetzung (fast) nichts mehr aufhalten.

Ziele festlegen

👁 Auf einen Blick

- ✔ Ziele motivieren und führen dich zum Erfolg.
- ✔ Deine Ziele müssen konkret und verbindlich sein.
- ✔ Bei der Zielformulierung hilft das SMART-Konzept.
- ✔ Minimal- und Maximalprinzip geben dir Spielraum.
- ✔ Deine Ziele müssen schriftlich fixiert werden.
- ✔ Teile deine Ziele mit der „Salami-Taktik" auf.
- ✔ Regelmäßige Zielkontrollen sind notwendig.
- ✔ Freu dich auf deine Ziele und belohne dich.

☆ Aufgaben

- ✔ Lege fünf Ziele für dein aktuelles Semester fest. Benutze dazu das SMART-Konzept und formuliere deine Ziele möglichst eindeutig und verbindlich!
- ✔ Teile danach deine großen Ziele in kleine Zwischenziele auf und lege für jeden Schritt eine Aktivität fest!
- ✔ Fang sofort an!

💡 Lesetipps

- ✔ 30 Minuten Zeitmanagement (L. Seiwert)
- ✔ Zeitmanagement (J. Knoblauch et al.)
- ✔ Ziele: Setzen. Verfolgen. Erreichen. (B. Tracy et al.)

2. Semester:

Prioritäten setzen

Was ist dir wichtig?

Nachdem du die Ziele für dein Studium festgelegt und dir einen Überblick verschafft hast, wirst du schnell feststellen: Das ist ganz schön viel!

„Wie soll ich das alles schaffen? Wie soll ich heute in drei Vorlesungen gehen, das Buch lesen, die Fallstudie durcharbeiten und auch noch meine Lerngruppe treffen? Ich möchte ja auch noch meine Freunde sehen, einkaufen und zum Sport. Wie soll das gehen?!"

Du kannst nicht alles schaffen. Wir haben nie genug Zeit, um all das zu erledigen, was wir erledigen müssten. Wir werden förmlich von Arbeit und neuen Aufgaben überschwemmt. Täglich kommen neue persönliche Ziele dazu und fordern ihren Platz in unserem Kalender ein.

Damit dich diese Arbeitslawine nicht überrollt, musst du eine kluge Vorauswahl treffen. Du musst Prioritäten setzen; abwägen, welche der geplanten Aktivitäten zuerst kommt und was nach hinten verschoben wird.

Was ist wichtig – was ist (erstmal) unwichtig?

Das Schwierige daran: In deinem Studium hast du jeden Tag unendlich viele neue Chancen und Gelegenheiten. Du hast eine halbwegs freie Zeiteinteilung und kannst selbst entscheiden, womit du dich beschäftigst.

Du ertrinkst sozusagen in Möglichkeiten, denen du deine Zeit widmen kannst. Auf der anderen Seite siehst du dich ständig mit neuen Verpflichtungen konfrontiert, denen du dich stellen musst.

Während du dich noch damit abmühst, fertig zu werden, strömen bereits neue Aufgaben und Deadlines auf dich zu. Deshalb wirst du nie alles erledigen können, was du eigentlich tun müsstest. Du wirst nie fertig werden! Schlimmer noch: Bei einigen deiner Aufgaben im Studium wirst du immer im Rückstand sein.

Und deshalb musst du lernen, Wichtiges von Unwichtigem zu unterscheiden. Du musst deine Zeit für die großen Aufgaben einsetzen, die dich wirklich weiterbringen und damit aufhören, Stunde für Stunde mit belanglosem Kram zu verschwenden.

Die drei Konzepte, die jetzt kommen, helfen dir dabei, den Blick aufs Wesentliche zu richten und kluge Prioritäten zu setzen.

Eat the frog

Anstatt mit den wirklich wichtigen Aufgaben anzufangen, beginnen wir den Tag oft mit leichten Dingen. Wir wollen erstmal „reinkommen", uns „warm machen" für die großen Herausforderungen, die auf uns warten.

Das Problem ist nur: Diese kleinen, leichten Dinge lenken uns ab. Sie geben uns zwar ein gutes Gefühl aber sie hindern uns daran, endlich die wichtigen Aufgaben anzupacken.

Machen wir einen kurzen Test.

Was erledigst du morgens als erstes? Checkst du zuerst deine E-Mails und siehst deine Social-Media-Profile durch? Oder setzt du dich noch vor der ersten Vorlesung an deinen Schreibtisch und fasst das Buchkapitel zusammen? Liest du zuerst irgendwelche Nachrichten oder gehst du morgens als erstes die Fallstudie aus der letzten Vorlesung durch?

Wenn du ehrlich zu dir selbst bist, wirst du feststellen, dass du deinen Tag oft mit Kleinkram beginnst. Nur die wenigsten Studenten starten mit der schwersten Aufgabe in den Tag und kämpfen sich direkt durch unbequeme Arbeiten.

Aber: Diese Studenten, die sich morgens direkt überwinden und sich mit ihrer höchsten Priorität beschäftigen, sind um ein Vielfaches erfolgreicher als der Rest.

Sie arbeiten mit voller Konzentration an ihrer Zukunft und lassen keine Nebensächlichkeiten zu, während ein Großteil der

Menschen unproduktiv in den Tag startet und das Erreichen wichtiger Ziele aufschiebt.

Und um genau dieses lästige Aufschieben auszutricksen, liefert die Eat-the-frog-Methode von Brian Tracy die perfekte Herangehensweise:

> Mach es dir zur Gewohnheit, jeden Morgen zuerst die wichtigste Aufgabe anzugehen – bevor du irgendetwas anderes tust und ohne lange darüber nachzudenken.

Das Prinzip basiert auf dem englischen Sprichwort: „Eat the frog!", was so viel bedeutet wie: Wenn man jeden Morgen zum Frühstück einen lebendigen Frosch isst, kann man sicher sein, dass einem nichts Schlimmeres mehr passieren wird.

Dein Frosch ist deine schwierigste und wichtigste Aufgabe, von der du dir die größten positiven Auswirkungen für dein Studium versprichst. Und gleichzeitig die Aufgabe, bei der du am stärksten dazu neigst, sie aufzuschieben.

Obwohl der starke Widerspruch an dieser Stelle (wichtige Aufgabe vs. hohes Aufschiebepotenzial) zu anfänglichen Problemen führen kann, ist die Belohnung für dich umso größer:

Wenn du morgens direkt mit deiner unangenehmsten Aufgabe anfängst und dich durchbeißt, hast du den restlichen Tag über ein tolles Gefühl und bist deinen Zielen deutlich näher gekommen. Außerdem hebst du dich damit von vielen deiner Kommilitonen ab und hast einen deutlichen Produktivitätsvorteil.

Frösche finden

Um deine größten Frösche im Studium zu finden, kannst du dich an dem folgenden zweistufigen Prozess orientieren.

Schritt 1: Nervige Aufgaben finden

Welche Aufgabe schiebst du schon lange vor dir her?

Wozu musst du dich am meisten überwinden?

Schritt 2: Unwichtige Aufgaben streichen

Welche Aufgaben haben direkten Einfluss auf deine Ziele?

Welche Aufgaben bringen dich im Studium nicht weiter?

Du sammelst also zuerst alle Aufgaben, die dir keinen großen Spaß machen und bei deren Erledigung du dich so fühlst, als würdest du einen ekelhaften Frosch essen. Danach sortierst du von diesen nervigen Aufgaben diejenigen aus, die dir nicht direkt dabei helfen, deine Ziele zu erreichen.

Übrig bleiben die Aufgaben, die dich wirklich weiterbringen und morgens als erstes von dir angepackt werden sollten.

Einige der größten Frösche im Studium sind zum Beispiel:

✔ Das Vorlesungsmanuskript lesen

✔ Das Fachbuch durcharbeiten

✔ Die Folien zusammenfassen

✔ Definitionen auswendig lernen

✔ Mit der Studienarbeit beginnen

Wenn du jeden Morgen als erstes nur eine halbe Stunde deiner Zeit in diese Aufgaben steckst und dich ohne Ablenkung damit beschäftigst, wirst du sehen, wie produktiv du sein kannst.

Und bei mehreren wichtigen Aufgaben?

Wenn man zwei Frösche essen muss, sollte man mit dem hässlicheren anfangen.

Das heißt: Wenn zwei, drei oder vier wichtige Aufgaben auf deiner To-do-Liste stehen, beginnst du mit der größten und unangenehmsten. Immer das, was am wenigsten Spaß macht, aber gleichzeitig unheimlich wichtig für deinen Erfolg ist.

Lass dich dabei nicht von irgendwelchen falschen Fröschen in die Irre führen! Nur weil manche Dinge unangenehm sind, heißt das nicht, dass du ihnen oberste Priorität einräumen musst.

Diese Aufgaben machen zum Beispiel auch keinen Spaß, sind aber gleichzeitig unwichtig und sollten deswegen nicht in die Eat-the-frog-Methode eingebaut werden:

- ✔ Das Badezimmer putzen
- ✔ E-Mail-Postfach aufräumen
- ✔ Den Müll rausbringen

Deine Eat-the-frog-Aufgaben müssen immer direkte positive Auswirkungen auf deine übergeordneten Ziele haben. Alles andere ist Kleinkram und kann später erledigt werden.

Halte dich an die beiden oben genannten Schritte und sortiere unwichtige Aufgaben gnadenlos aus.

Und für besonders hässliche Frösche hat Tracy noch den folgenden Rat für dich:

> Wenn man schon einen Frosch essen muss, bringt es nichts, sich erst hinzusetzen und ihn lange anzustarren.

Augen zu und durch! Denk nicht lange darüber nach, wie nervig und langweilig deine Aufgabe ist.

Setz dich einfach hin und erledige den Mist – das macht den Unterschied und bringt dich deinen Zielen jeden Tag einen kleinen Schritt näher.

Das ABC der Prioritäten

Wenn du dich auf die wirklich wichtigen Dinge konzentrieren und dich nicht länger mit Kleinkram aufhalten möchtest, musst du einen genaueren Blick auf deine täglichen Aufgaben werfen.

Um genau zu sein, musst du alle deine Aktivitäten analysieren und bewerten, damit du dann festlegen kannst, wozu du deine Zeit am sinnvollsten einsetzen solltest.

Dazu sehen wir uns jetzt die sogenannte ABC-Analyse an.

Mit diesem Werkzeug kannst du deine To-dos klassifizieren und ihnen verschiedene Prioritäten zuordnen. Danach weißt du, welche Aufgaben für die Erreichung deiner Ziele besonders wichtig sind und an welcher Stelle du auf Zeitfresser hereinfällst.

Damit ist die ABC-Methode ähnlich angelegt wie das Eat-the-frog-Konzept, geht aber darüber hinaus und nimmt eine feinere Gliederung der Aufgaben vor. Außerdem wird hierbei keine wichtigste Aufgabe bestimmt, die dann zuallererst abgearbeitet werden müsste.

Es geht vielmehr darum, dass du damit aufhörst, einen Großteil deiner Zeit für Nebensächliches zu verschwenden, weil dir nicht klar ist, welchen Wert deine Aktivitäten haben.

Und genau dafür ist die ABC-Methode eine sehr gute Entscheidungshilfe.

Indem du allen geplanten Aktivitäten eine angemessene Priorität zuordnest, legst du zwar im Prinzip auch grob deren Reihenfolge fest, stellst aber den Nutzen der jeweiligen Aufgabe in den Fokus.

Bezogen auf ein definiertes Ziel ordnest du allen geplanten Aktivitäten eine Priorität zu und sortierst sie nach A-, B- und C-Aufgaben.

A-Aufgaben sind die wichtigsten Aufgaben

Was **muss** getan werden?

B-Aufgaben sind durchschnittlich wichtige Aufgaben

Was **soll** getan werden?

C-Aufgaben sind für dein Ziel eher unwichtig (Kleinkram)

Was **kann** getan werden?

Diese Klassifizierung macht deutlich, dass nur wenige Aufgaben für unseren Erfolg ausschlaggebend sind (A-Aufgaben) und maßgeblich zur Erreichung unserer Ziele beitragen.

Ein Großteil unserer Zeit wird aber mit nebensächlichen Dingen (C-Aufgaben) gefüllt, obwohl diese Aktivitäten weniger wichtig oder sogar unwichtig sind.

Darum:

Fokus auf die A-Aufgaben – weniger Zeit für C-Aufgaben!

Vorgehen bei der ABC-Methode

Die ABC-Methode ist einfach. Nach vier kleinen Schritten hast du deine To-do-Liste bewertet.

Schritt 1: Lege ein Ziel fest!

Was möchtest du erreichen?

Schritt 2: Bewerte deine Aktivitäten!

Welchen Einfluss haben deine Aktivitäten auf dein Ziel?

Schritt 3: Priorisiere nach A-, B- und C-Aufgaben!

Was muss, soll und kann für das Ziel getan werden?

Schritt 4: Erledige die A-Aufgaben mit höchster Priorität!

C-Aufgaben kommen zum Schluss!

Sehen wir uns dazu ein paar Beispiele an. Angenommen, das ist deine heutige To-do-Liste:

- ✔ Kapitel 2 und 3 zusammenfassen
- ✔ Übungsaufgaben 3.1 bis 3.5 wiederholen
- ✔ Zwei alte Klausuren durcharbeiten
- ✔ Geburtstagsgeschenk für Thomas kaufen
- ✔ Friseur
- ✔ Prüfungsordnung lesen
- ✔ Englischvokabeln lernen
- ✔ Stromanbieter wechseln
- ✔ Infos zum Auslandssemester besorgen

- ✔ E-Mail an Studienberatung schreiben
- ✔ Fallstudie für nächste Woche lesen
- ✔ Wohnung putzen

Je nachdem welches Ziel du festlegst, können deine Prioritäten ganz unterschiedlich ausfallen. Zwei Beispiele dazu.

Beispiel 1 (Prüfungsvorbereitung):

- ✔ Ziel: Du möchtest dich auf deine Prüfung vorbereiten und diese so gut wie möglich bestehen.
- ✔ Nach der ABC-Analyse könnte deine To-do-Liste so aussehen:
  (B) Kapitel 2 und 3 zusammenfassen
  (A) Übungsaufgaben 3.1 bis 3.5 wiederholen
  (A) Zwei alte Klausuren durcharbeiten
  (C) Geburtstagsgeschenk für Thomas kaufen
  (C) Friseur
  (C) Prüfungsordnung lesen
  (C) Englischvokabeln lernen
  (C) Stromanbieter wechseln
  (C) Infos zum Auslandssemester besorgen
  (C) E-Mail an Studienberatung schreiben
  (B) Fallstudie durchlesen
  (C) Wohnung putzen
- ✔ Action: Erst wiederholst du die Übungsaufgaben und arbeitest dich durch die alten Klausuren, dann kommen die Zusammenfassung und die Fallstudie. Erst danach kümmerst du dich um den Rest.

Beispiel 2 (Auslandssemester):

- ✔ Ziel: Du möchtest nächstes Jahr ein Semester in London studieren und willst mit der Planung in dieser Woche beginnen.
- ✔ Nach der ABC-Analyse könnte deine To-do-Liste so aussehen:
  - (C) Kapitel 2 und 3 zusammenfassen
  - (C) Übungsaufgaben 3.1 bis 3.5 wiederholen
  - (C) Zwei alte Klausuren durcharbeiten
  - (C) Geburtstagsgeschenk für Thomas kaufen
  - (C) Friseur
  - (A) Prüfungsordnung lesen
  - (B) Englischvokabeln lernen
  - (C) Stromanbieter wechseln
  - (A) Infos zum Auslandssemester besorgen
  - (B) E-Mail an Studienberatung schreiben
  - (C) Fallstudie durchlesen
  - (C) Wohnung putzen
- ✔ Action: Zuerst informierst du dich über dein geplantes Auslandssemester und liest dir die Rahmenbedingungen dazu in der Prüfungsordnung durch. Danach erkundigst du dich bei deiner Studienberatung und lernst ein bisschen Englisch. Dann kommt der Rest.

Wenn du deine Ziele klar im Blick hast und weißt, was du erreichen möchtest (1. Semester), kannst du deine täglichen Aufgaben problemlos priorisieren.

In der Regel fallen dir bei der ABC-Methode und den drei Fragestellungen (Was muss/soll/kann getan werden?) noch weitere

Schlüsselaktivitäten ein, die du bisher noch gar nicht auf dem Schirm hattest.

Wenn das passieren sollte, kannst du deine To-do-Liste einfach erweitern; allerdings nicht ohne die bisher gesetzten Prioritäten nochmal zu überprüfen.

Durch das Hinzufügen oder Streichen von Aufgaben muss der Wert jeder Aufgabe auf deiner Liste neu analysiert werden. Zum Schluss noch ein paar Faustregeln für den Praxiseinsatz der ABC-Analyse:

- ✔ A-Aufgaben sollten sparsam vergeben werden (wirklich nur das Wichtigste!).
- ✔ Pro Tag an ein bis zwei A-Aufgaben arbeiten (drei bis vier Stunden)
- ✔ B-Aufgaben nicht zu leichtfertig vergeben (direkter Einfluss auf das Ziel muss erkennbar sein!).
- ✔ Pro Tag an zwei bis vier B-Aufgaben arbeiten (ein bis zwei Stunden).
- ✔ C-Aufgaben sind alle Aktivitäten, die keinen direkten Einfluss auf das Ziel haben.
- ✔ C-Aufgaben sind oft Kleinkram und wiederkehrende Routinearbeiten.
- ✔ Pro Tag nicht mehr als eine Stunde an C-Aufgaben arbeiten.

Wenn du deine einzelnen Aktivitäten regelmäßig bewertest und dir bewusst wird, welche Aufgaben dich deinen Zielen näherbringen, hast du einen wesentlichen Schritt zur Verbesserung deines Zeitmanagements gemacht.

Denn dann arbeitest du zielorientiert und vernachlässigst alle unwichtigen Dinge, die dich ablenken und dir deine Zeit stibitzen.

Damit du solche unnötigen Aufgaben noch besser finden und eliminieren kannst, nehmen wir uns jetzt noch das Konzept von Eisenhower vor und geben deiner Priorisierung so den letzten Schliff.

Eliminieren mit System

Die Einstufung und Bewertung deiner Aufgaben ist auf den ersten Blick nicht immer eindeutig und kann dich hin und wieder vor größere Probleme stellen. Was du dann brauchst, ist eine praxiserprobte Methode, um deine anstehenden Aktivitäten schnell klassifizieren zu können.

Du möchtest schnell und klug Prioritäten setzen – und dabei hilft dir die Eisenhower-Methode.

1955: Der amerikanische Präsident Dwight D. Eisenhower sitzt in seinem Büro und weiß nicht weiter. Der Schreibtisch ist voll – der Kopf noch voller. Aufgaben über Aufgaben. Die To-do-Liste nimmt kein Ende. Morgen stehen wichtige Entscheidungen an. Aber die Zeit reicht nicht. Eisenhower ist genervt und unzufrieden mit seiner Zeiteinteilung. Also entwickelt er kurzerhand ein eigenes System.

Ein System, das später als die Eisenhower-Methode in (fast) allen Zeitmanagement-Büchern zu finden sein wird. Und das zu Recht! Denn seine Methode ist einfach, robust und funktioniert immer. Wenn du mit dem Eisenhower-Prinzip arbeitest, stellst du dir bei jeder Aufgabe zwei Fragen:

1) Ist die Aufgabe wichtig oder nicht wichtig?

2) Ist die Aufgabe dringend oder nicht dringend?

Dabei gilt eine Aufgabe als wichtig, wenn sie direkte Auswirkungen auf dein übergeordnetes Ziel hat. Ansonsten ist die Aufgabe als nicht wichtig einzustufen. Aufgaben sind dringend, wenn sie zeitnah erledigt werden müssen, weil sie ansonsten ihren Sinn verlieren. In allen anderen Fällen, wenn zum Beispiel keine Deadline vorliegt, sind Aufgaben nicht dringend.

Ausgehend von diesen zwei Fragen und den vier verschiedenen Kombinationsmöglichkeiten der Antworten entsteht eine Entscheidungsmatrix, in der jede Aufgabe einen Platz findet. Und so sieht die allgemeine Matrix nach Eisenhower aus:

	nicht wichtig, aber dringend delegieren	**wichtig und dringend** sofort selbst erledigen
dringend		
nicht dringend	**weder wichtig noch dringend** eliminieren, Papierkorb	**wichtig, aber nicht dringend** terminieren, selbst erledigen
	nicht wichtig	wichtig

Dringlichkeit (vertikale Achse)

Wichtigkeit (horizontale Achse)

Insgesamt gibt es vier unterschiedliche Felder und damit vier verschiedene Kategorien für deine Aufgaben und Ziele:

Wichtig und dringend

Aufgaben, die wichtig und dringend sind, haben die höchste Priorität und müssen sofort von dir erledigt werden.

Beispiele:

- ✔ Lernen in der Klausurphase
- ✔ E-Mail vom Professor beantworten

Wichtig, aber nicht dringend

Aufgaben, die wichtig aber nicht dringend sind, erledigst du an zweiter Stelle (direkt verbindlichen Termin festlegen!).

Beispiele:

- ✔ Klausur anmelden
- ✔ Auslandssemester organisieren

Nicht wichtig, aber dringend

Aufgaben, die nicht wichtig aber dringend sind, kannst du abgeben oder verlagern (Deadline beachten!).

Beispiele:

- ✔ Buch zur Bib zurückbringen
- ✔ Einkaufen

Nicht wichtig und nicht dringend

Aufgaben, die nicht wichtig und nicht dringend sind, kommen weg und werden eliminiert!

Beispiele:

✔ Unwichtige E-Mails beantworten

✔ Intensives Facebook-Monitoring

Anhand der beiden Kategorien „Wichtigkeit" und „Dringlichkeit" kannst du jede deiner Aufgaben einordnen und sofort entscheiden, welche Priorität ihr zugewiesen wird. Dabei ist natürlich entscheidend, welches übergeordnete Ziel du in den Fokus stellst und in welcher Situation du dich momentan befindest.

Wenn deine Ziele zum Beispiel Topnoten im Studium und Regelstudienzeit sind, fallen deine Prioritäten anders aus, als wenn du ein spannendes Auslandssemester und möglichst wenig Stress beim Studieren haben möchtest.

Außerdem wirst du kurz vor der Prüfungsphase andere Schwerpunkte bei deinen täglichen Aufgaben setzen, als es noch am Anfang des Semesters der Fall war.

In Verbindung mit der vorherigen ABC-Methode lässt sich das Eisenhower-Prinzip modifizieren und eine deutliche Abstufung der Prioritäten vornehmen.

Deine neue Matrix sieht dann so aus:

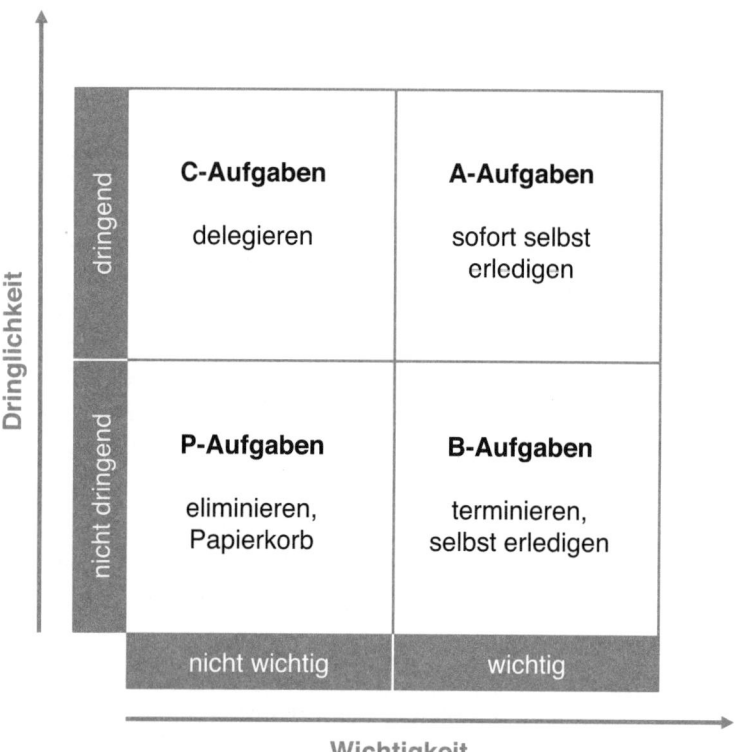

Daraus ergibt sich diese Reihenfolge für deine Prioritäten:

A-Aufgaben (wichtig und dringend)

B-Aufgaben (wichtig, aber nicht dringend)

C-Aufgaben (nicht wichtig, aber dringend)

P-Aufgaben (nicht wichtig und nicht dringend)

Mit dem System von Eisenhower kannst du deine Aufgaben schnell und einfach sortieren. Wenn du all deine Aktivitäten im

Hinblick auf Wichtigkeit und Dringlichkeit bewertest, wirst du schnell feststellen, wie viele überflüssige Dinge du täglich tust.

Diese Erkenntnis ist am Anfang hart – aber notwendig. Denn wenn du das Eisenhower-Prinzip ein paar Wochen lang konsequent anwendest, deine Aufgaben priorisierst und unwichtigen Kram eliminierst, bekommst du die Kontrolle über deine To-do-Listen zurück. Und damit sparst du Zeit. Viel Zeit.

Also: Konzentriere dich auf die wesentlichen Aufgaben und streiche jeden nebensächlichen Kleinkram!

Prioritäten setzen

👁 Auf einen Blick

- ✔ Du kannst nicht alles schaffen, denn du hast nie genug Zeit, um alle Aufgaben zu erledigen.
- ✔ Damit du nicht von der Arbeit überschwemmt wirst, musst du kluge Prioritäten setzen.
- ✔ Mach es dir zur Gewohnheit, jeden Morgen zuerst die wichtigste Aufgabe anzugehen (iss deinen Frosch!).
- ✔ Kategorisiere deine Aufgaben mit dem ABC-Konzept (Was muss/soll/kann getan werden?).
- ✔ Eliminiere Kleinkram (wichtig oder nicht wichtig, dringend oder nicht dringend).

☆ Aufgaben

- ✔ Erstelle dir für morgen eine To-do-Liste mit mindestens 15 konkreten Aktivitäten!
- ✔ Setze dir ein genaues Tagesziel und priorisiere deine Aufgaben mit der ABC-Methode!
- ✔ Eliminiere Unwichtiges und lege einen „Frosch" fest, um den du dich morgen früh zuerst kümmerst!

💡 Lesetipps

- ✔ Eat That Frog (B. Tracy et al.)
- ✔ Die Multitasking-Falle (D. Zack et al.)
- ✔ The one thing (G. Keller)

3. Semester:

Pläne schmieden

Warum so verplant?

Sobald deine Ziele feststehen und du dir über deine Prioritäten im Klaren bist, brauchst du einen Plan. Warum? Weil du mit einem Plan deinen Tagesablauf selbst bestimmst und endlich in die Gänge kommst!

Ohne Plan lebst und studierst du einfach vor dich hin. Du lässt dich treiben und schaust, welche Dinge im Laufe der Zeit auf dich zukommen. Das Problem dabei ist: Irgendwann verlierst du die Kontrolle.

Du rettest dich dann nur noch von Deadline zu Deadline und verpasst einen wichtigen Termin nach dem anderen. Hier die Abgabefrist vergessen, dort eine Prüfungsanmeldung verschlafen und schon studierst du ein Semester länger oder bekommst schlechte Noten.

Ein Plan unterscheidet erfolgreiche von weniger erfolgreichen Studenten. Ein Plan macht den Unterschied zwischen Regelstudienzeit und Langzeitstudium. Ohne Plan bleibst du ständig nur im Mittelmaß, während du mit ein klein wenig Vorausdenken bequem einen Einserschnitt anpeilen kannst.

Wenn du jeden Tag im Voraus planst, wirst du es viel leichter finden, anzufangen und immer weiterzumachen. Du schiebst dann weniger Dinge auf und arbeitest fokussiert an deinen Zielen.

Je besser du deine Zeit einteilst und planst, desto größer ist dein Zeitgewinn beim Erledigen von Aufgaben. Mit nur einer

Minute Planung sparst du im Schnitt zehn Minuten deiner Arbeitszeit – und das jedes Mal!

Trotzdem darfst du dich nicht verzetteln: Zu viel Planung macht dich unflexibel und engt dich ein. Deswegen brauchst du einen roten Faden, der dich locker aber zielgerichtet durch dein Studium führt und dir das tägliche Arbeiten erleichtert.

Darum sehen wir uns in diesem Kapitel an, wie du clever und flexibel planen kannst und dadurch deine Produktivität beim Studieren deutlich verbesserst.

Alles im Blick

„Planung bedeutet, die eigene Zukunft in die Gegenwart zu holen, sodass man schon jetzt an ihr arbeiten kann."

Schön gesagt, Alan Lakein. Die Frage ist nur: Wie weit soll man in die Zukunft gehen? Wie lange soll man vorausplanen?

Am besten so weit wie möglich. Je weiter du in die Zukunft schaust und je genauer du dein Leben planst, desto nachhaltiger und zusammenhängender wird deine Strategie. Denn wenn du genau weißt, wo du langfristig hinmöchtest (1. Semester), ist es für dich viel einfacher, im Hier und Jetzt konkrete Pläne festzulegen.

Deine großen, übergeordneten Ziele hast du dann immer im Blick und kannst deine kurzfristigen Vorhaben daran ausrichten.

Das Problem dabei ist: Je weiter du planst, desto unsicherer und unflexibler werden deine Überlegungen. Wenn du zum Beispiel in deinem ersten Semester planst, wie dein Berufseinstieg nach dem Abschluss aussehen soll, lehnst du dich ganz schön weit aus dem Fenster, obwohl du eigentlich keine Ahnung hast.

Oder komplett übertrieben: Wenn du jetzt schon planst, was du im Alter von 55 Jahren im Sommerurlaub tun wirst, hat das mit einem klugen Plan wenig zu tun und ist bestenfalls geraten.

Darum sollte deine Strategie sein: Planen – ja! Auch gerne langfristig, aber in Etappen und auf verschiedenen Ebenen.

Hört sich kompliziert an? Ist es aber gar nicht. Denn im Prinzip brauchst du nur verschiedene Pläne für unterschiedlich lange, aufeinander aufbauende Abschnitte in deinem Leben. Für dein ganzheitliches Zeitmanagement kannst du mit Jahresplänen arbeiten und deine Strategie dann auf Monate, Wochen und Tage herunterbrechen:

→ 5-Jahresplan

→ 3-Jahresplan

→ Jahresplan

→ Monatsplan

→ Wochenplan

→ Tagesplan

Nach diesem Modell würdest du zuerst einen übergeordneten 5-Jahresplan festlegen. Hierin stehen deine grundlegenden strategischen Ziele, wie zum Beispiel: Uniabschluss schaffen, Mutter/Vater werden, Haus bauen.

Danach planst du etwas feiner, stellst einen 3-Jahresplan auf und planst dann das einzelne Jahr genauer durch. Daraus ergeben sich dann 12 Monatspläne, 52 Wochenpläne und am Ende 365 Tagespläne.

Natürlich machst du das nicht alles auf einmal und legst fest, was du am 3. Oktober 2025 tun wirst. Das wäre Quatsch. Deine Pläne sollten aber mindestens so aktuell sein, wie die vorherige Planungseinheit auf der Ebene: Deine Tagespläne werden täglich (am Vortag) festgelegt; die Wochenplanung wird wöchentlich (in der Woche zuvor) von dir aktualisiert usw.

Mit diesem System kannst du deine Planung langfristig ausrichten, bleibst aber trotzdem flexibel und kannst reagieren.

Nachdem das Arbeiten mit Plänen auf verschiedenen zeitlichen Ebenen klar geworden ist, wenden wir dieses System jetzt auf dein Studium an.

Dazu zerteilen wir dein komplettes Studium (Ebene 1) in einzelne Semester (Ebene 2) und bilden dann noch Pläne für deine wöchentlichen und täglichen Ziele. Alles, was du also brauchst, sind vier Pläne:

→ Studienplan

   → Semesterplan

      → Wochenplan

         → Tagesplan

In diese Vorlage sortierst du jetzt deine übergeordneten Ziele und Aufgaben ein und planst dann von Ebene zu Ebene konkreter.

Studienplan

Dein übergeordneter Studien(verlaufs)plan zeigt dir genau, wann du was im Studium erledigen musst. Er ist sozusagen der rote Faden in deinem Studium und sorgt dafür, dass du den Überblick behältst.

Alle wichtigen Ereignisse und Herausforderungen müssen in diesen Plan aufgenommen und grob datiert werden. Er ist das Fundament für deine weitere Planung und bringt dich dazu, langfristig über dein Studium nachzudenken. Dadurch studierst du fokussierter und kannst dich auf die wesentlichen Aspekte in deinem Studentenleben konzentrieren.

Mit diesen fünf Schritten stellst du deinen Studienplan auf:

Schritt 1: Bestimme deine Studiendauer!

Wie viele Semester wirst du studieren?

Schritt 2: Bestimme für jedes Semester Ziele und Meilensteine!

Was möchtest du erreichen?

Schritt 3: Bestimme das Datum oder den Zeitraum!

Wann möchtest du deine Ziele erreichen?

Schritt 4: Lege große und zeitaufwändige Meilensteine fest!

Auslandssemester? Abschlussarbeit?

Schritt 5: Lege die Vorbereitungszeit für deine Ziele fest!

Wie lange dauert die Vorbereitung?

Semesterplan

Nachdem dein grobes Planungsgerüst steht, wechselst du auf eine Planungsebene tiefer und planst deine einzelnen Semester. Dabei orientierst du dich an den obigen Schritten, steigst aber erst bei Schritt 2 ein und legst konkrete, terminierte Ziele für jedes Semester fest.

Neben deinen großen Meilensteinen berücksichtigst du in deiner Semesterplanung natürlich noch deine Prüfungstermine und andere wichtige Pflichtveranstaltungen. Dazu gehören zum Beispiel An- und Abmeldephasen, Abgabefristen, Seminartermine oder auch Bewerbungsfristen.

Wenn du dann noch Vorbereitungszeiten miteinkalkulierst, Urlaube berücksichtigst und andere Besonderheiten im Semester in deine Vorüberlegungen aufnimmst, steht am Ende eine solide Semesterplanung.

Wochenplan

Auf dieser Grundlage kannst du jetzt deine Wochenplanung erstellen und die Aufgaben für die nächsten sieben Tage festlegen. Orientiere dich dabei an deinem Semesterplan und behalte deine wichtigen Ziele im Auge.

Praxistipp: Von Zeit zu Zeit bietet es sich an, eigene „Mottowochen" zu planen, in denen du dich schwerpunktmäßig um ein bestimmtes Thema kümmerst.

Eine separate Wochenplanung lohnt sich. Die Woche ist greifbarer als das ganze Semester und somit sehr dazu geeignet, viele konkrete Termine zu setzen. Gleichzeitig ist sie (anders als der Tag) lange genug, um Pannen oder Planungsabweichungen von mehreren Stunden aufzufangen.

Damit kannst du allen Bereichen aus deinem Studentenleben ausreichend Zeit zuweisen, bevor du später bei der Tagesplanung weitere Details hinzufügst.

Tagesplan

Am Ende landen deine Aufgaben und Ziele aus der Studien-, Semester- und Wochenplanung auf deinem Tagesplan.

Dein Tag ist die kleinste und am besten überschaubare Einheit in deiner strategischen Zeitplanung. Nur wenn du dein Tagesgeschäft im Griff hast, wirst du auch langfristig deine Ziele erreichen. Dein Tagesplan sollte grundsätzlich realistisch sein und nur das enthalten, was du an diesem Tag erledigen kannst.

Es bringt nichts, deine Tage komplett vollzustopfen – das blockiert dich nur und erzeugt unproduktiven Druck.

Je ausgewogener deine Planung ausfällt und je erreichbarer dir die gesetzten Ziele erscheinen, umso höher ist deine Motivation, an dem Plan zu arbeiten und damit die Wahrscheinlichkeit, dass du am Ende alle Aufgaben zufrieden von deiner To-do-Liste abhaken kannst.

Ab in die Berge

Langfristige Pläne sind wichtig und unverzichtbar. Aber für konkrete Handlungen und sichtbare Ergebnisse ist deine Tagesplanung entscheidend.

Gleichzeitig ist dieser Teil auch der anspruchsvollste deines Zeitmanagements.

Für eine realistische Tagesplanung, die sicherstellt, dass du deinen Tag nicht mit Aktivitäten überfrachtest und am Ende trotzdem an deinen Zielen vorbeiarbeitest, nehmen wir uns jetzt die ALPEN-Methode zu Hilfe.

Dieses Konzept von Seiwert ist relativ einfach, erfordert nicht viel Zeit in der Umsetzung und hilft dir dabei, kluge Tagespläne aufzustellen.

Und das verbirgt sich hinter der ALPEN-Methode:

A	Aufgaben und Termine aufschreiben
L	Länge (Dauer) der Aktivitäten schätzen
P	Pufferzeiten einplanen
E	Entscheidungen treffen
N	Nachkontrolle

Dein Planungsprozess besteht also aus diesen fünf kleinen Schritten.

Dazu ein paar Beispiele.

Aufgaben und Termine aufschreiben

Zuerst sammelst du alle Aufgaben und Termine, die du an dem betreffenden Tag erledigen musst, in einer einfachen Liste.

Unterteile die Aufgaben dann in Kategorien und weise jedem Schritt eine Priorität (2. Semester) zu. Demnach könnte deine Liste zum Beispiel so aussehen:

- ✔ Kategorie: Uni
    - (A) Mathe lernen (Kapitel 3 und 4)
    - (A) Alte Klausur durcharbeiten
    - (B) Skript lesen (S. 34-65)
    - (B) Zusammenfassung wiederholen
    - (C) Buch abholen
    - (C) Collegeblock kaufen
    - (C) Schreibtisch aufräumen

- ✔ Kategorie: Wohnung
    - (A) Miete bezahlen
    - (C) Pfandflaschen zurückbringen
    - (C) Treppenhaus putzen
    - (C) Wäsche aufhängen

- ✔ Kategorie: Freizeit
    - (A) Sarah anrufen (Geburtstag)
    - (B) Konzerttickets bestellen
    - (C) Arzttermin machen
    - (C) Sport mit Lukas
    - (P) Neue Folge Frauentausch gucken

Insgesamt hast du an diesem Tag 16 Aufgaben in drei Kategorien zu erledigen.

Länge (Dauer) der Aktivitäten schätzen

Als nächstes schätzt du die Dauer jeder Aktivität ab. Dafür kannst du auf Erfahrungswerte zurückgreifen oder Vergleiche zu ähnlichen Aufgaben ziehen. Daumenregel: lieber konservativ schätzen und mehr Zeit einplanen.

Deine Liste könnte nach diesem Schritt so aussehen:

✔ Kategorie: Uni

(A) Mathe lernen (Kapitel 3 und 4)	120 Min.
(A) Alte Klausur durcharbeiten	90 Min.
(B) Skript lesen (S. 34-65)	30 Min.
(B) Zusammenfassung wiederholen	30 Min.
(C) Buch abholen	20 Min.
(C) Collegeblock kaufen	10 Min.
(C) Schreibtisch aufräumen	15 Min.

✔ Kategorie: Wohnung

(A) Miete bezahlen	5 Min.
(C) Pfandflaschen zurückbringen	15 Min.
(C) Treppenhaus putzen	20 Min.
(C) Wäsche aufhängen	10 Min.

✔ Kategorie: Freizeit

(A) Sarah anrufen (Geburtstag)	15 Min.
(B) Konzerttickets bestellen	10 Min.
(C) Arzttermin machen	10 Min.
(C) Sport mit Lukas	90 Min.
(P) Neue Folge Frauentausch gucken	120 Min.

Notiere einfach hinter jeder Aktivität die geschätzte Dauer. Nach diesem Schritt wird oft schon deutlich: Deine Liste ist zu voll – du kannst gar nicht alles schaffen!

In unserem Beispiel haben wir insgesamt 610 Minuten geschätzt; das sind mehr als zehn Stunden.

Pufferzeiten einplanen

Verplane niemals deinen ganzen Tag! Denn egal, wie gut deine Tagesplanung aussieht: Sie wird nie zu 100 Prozent aufgehen.

Deswegen musst du beim Zusammenstellen deiner täglichen Aufgaben und Aktivitäten Pufferzeiten einplanen. Und nicht zu wenig. Eine bekannte Daumenregel aus der Zeitmanagement-Fachliteratur lautet dazu:

> Verplane nur 50 bis 60 Prozent deiner Arbeitszeit und reserviere dir den Rest für Unerwartetes!

Das sieht auf den ersten Blick sehr vorsichtig und unproduktiv aus, aber die Erfahrung zeigt: Zeitfresser, Prokrastination, unvorhergesehene Ereignisse, Ablenkungen und Störungen nehmen mehr von unserer Zeit weg, als wir zunächst wahrnehmen.

Pufferzeiten helfen dir, damit umzugehen und geben dir Spielraum. Spielraum, den du im Zweifel auch zur Regeneration zwischen zwei Aufgaben nutzen kannst (wenn es gut läuft) oder in vertiefende Arbeiten stecken solltest, wenn du gerade im Flow bist.

Wenn du Pufferzeiten nicht ausreichend beachtest und dich nicht an die Faustregel von oben hältst, wirst du schnell überfordert sein und frustriert aufgeben müssen. Deine Planung wird dir dann keine Hilfe sein, sondern nur unnötigen Druck aufbauen.

Entscheidungen treffen

Nachdem du jetzt deine Aufgaben (mit Priorität und Dauer) kennst und dir 50 Prozent deines Tages reserviert hast, musst du dich entscheiden: Welche Aufgaben von der Liste schaffen es in deinen Tagesplan?

An dieser Stelle musst du dir deine übergeordneten Ziele in Erinnerung rufen und dich auf deine Prioritäten konzentrieren:

Welche Aufgaben bringen dich deinen Zielen näher?

Und wenn Aufgaben terminlich gebunden sind:

Welche Aufgabe muss dringend erledigt werden?

Setze kluge Prioritäten und entscheide dich bewusst für die Aufgaben, die dich wirklich weiterbringen. Der Rest muss verschoben, gestrichen oder in Überstunden abgearbeitet werden.

Am Anfang wird dir die Entscheidung zwischen deinen Aufgaben schwer fallen und du wirst dich dabei unwohl fühlen, wenn du mehr als die Hälfte der Aktivitäten von deiner To-do-Liste streichst. Aber dieser Schritt ist notwendig und wird mit jedem Mal leichter.

In unserem Beispiel könnten folgende Aufgaben überleben:

✓ Kategorie: Uni

(A) Mathe lernen (Kapitel 3 und 4)	120 Min.
(A) Alte Klausur durcharbeiten	90 Min.
(B) Zusammenfassung wiederholen	30 Min.

- Kategorie: Wohnung
  - (A) Miete bezahlen   5 Min.
- Kategorie: Freizeit
  - (A) Sarah anrufen (Geburtstag)   15 Min.
  - (B) Konzerttickets bestellen   10 Min.
  - (C) Arzttermin machen   10 Min.

Damit kommen wir auf insgesamt 280 Minuten, die wir fest verplant haben.

Die Pufferzeit gibt uns zeitlichen Spielraum, falls die großen Aufgaben (Mathe lernen und Klausur durcharbeiten) länger dauern oder wir uns mit Sarah verquatschen sollten. Sind wir schnell mit allem durch und haben noch Zeit übrig, rückt einfach eine Aufgabe von der ersten Liste nach.

Nachkontrolle

Bei deiner Tagesplanung musst du dich kritisch kontrollieren und ehrlich zu dir selbst sein. Frage dich regelmäßig:

- Habe ich meine Planung eingehalten?
- Habe ich mir zu viel vorgenommen?
- Verschiebe ich einzelne Aufgaben zu häufig?

Wenn du dich hartnäckig gegen einzelne Aktivitäten sträubst, gibt es nur zwei Möglichkeiten: Entweder du machst dir bewusst, dass die Aufgabe wichtig ist und beißt dich durch.

Oder du stufst die Priorität als sehr gering ein und streichst die Aufgabe von deiner To-do-Liste.

Die ALPEN-Methode ist ein einfaches und flexibles Werkzeug, mit dem du schnell einen klugen Tagesplan erstellen kannst.

Nach nur fünf Schritten bist du fertig und kannst dich ans Abarbeiten deiner Aufgaben machen.

Zum Abschluss des Kapitels gibt's jetzt noch ein paar allgemeine Praxistipps zum Thema Planen.

Planen im Alltag

Richtiges Planen ist gar nicht so einfach. Besonders dann nicht, wenn du es noch nie (oder nur sehr selten) mit System gemacht hast.

Damit du bei deiner täglichen Planungssession nicht die Übersicht verlierst und motiviert am Ball bleibst, schauen wir uns jetzt noch ein paar Best Practices an.

Schriftlich planen

Pläne sind wie Ziele: Sie funktionieren nicht, wenn du sie nur im Kopf hast. Deshalb musst du schriftlich planen und alle Pläne, egal aus welcher Ebene, aufschreiben.

Erst auf Papier werden aus deinen Ideen übersichtliche Listen, die du verinnerlichen und abarbeiten kannst. Ohne schriftliche Planung verlierst du hingegen schnell die Übersicht, vergisst wichtige Zwischenschritte und kommst durcheinander.

Schriftliches spornt dich außerdem an und ist verbindlicher als der einfache Gedanke an eine Aufgabe. Wenn du deine Pläne aufschreibst, wirst du sie viel eher in die Tat umsetzen.

Du arbeitest dann nämlich konzentriert und zielorientiert – ohne Ablenkung.

Flexibel planen

Deine Pläne dürfen niemals statisch sein und dich einengen, denn damit setzt du dich nur selbst unter Druck und blockierst dich. Plane immer flexibel und reagiere auf unerwartete Ereignisse oder neue Rahmenbedingungen.

Es gibt nichts Schlimmeres als einen veralteten Plan, von dem du schon direkt weißt, dass er dich nicht weiterbringen wird. Dein Planungsprozess muss sich dynamisch an dein Leben anpassen und dir trotzdem Halt und Orientierung geben.

Planen mit der 10/90-Regel

Die 10/90-Regel besagt: Durch die ersten zehn Prozent der Zeit, die du für deine Planung aufwendest, sparst du ganze neunzig Prozent der Zeit, die du brauchst, um die geplante Aufgabe zu erledigen.

Mit einem Mehraufwand an Planung benötigst du also deutlich weniger Zeit für die eigentliche Fertigstellung der Aufgabe.

Trotz zusätzlicher Planungszeit bist du schneller mit allem fertig, weil du die Aufgabe – dank deiner Planung – effizienter durchführen kannst.

Planungsroutine

Plane regelmäßig – am besten täglich. Lege dir jeden Abend, bevor du ins Bett gehst, einen Plan für den nächsten Tag zurecht und sammle alle wichtigen Aufgaben.

Das hat einen großen Vorteil: Wenn du deine Tagesplanung am Abend vorher aufstellst, arbeitet dein Unterbewusstsein, während du schläfst, an deinen neuen Plänen.

Am nächsten Morgen fängst du dann nicht bei null an und hast einen leichteren Start in den Tag.

Pläne schmieden

👁 Auf einen Blick

- ✔ Mit einer klugen Planung kannst du viel Zeit sparen.
- ✔ Du schiebst dann weniger Dinge auf und arbeitest fokussiert an deinen Zielen.
- ✔ Planung bedeutet, die eigene Zukunft in die Gegenwart zu holen.
- ✔ Am besten planst du langfristig in Etappen und auf verschiedenen Ebenen (Studienplan, Semesterplan, Wochenplan, Tagesplan).
- ✔ Die ALPEN-Methode hilft dir bei der Tagesplanung.
- ✔ Deine Planung sollte schriftlich und flexibel sein.

☆ Aufgaben

- ✔ Erstelle dir jetzt direkt einen groben Studien-, Semester- und Wochenplan!
- ✔ Starte eine neue Gewohnheit und plane ab heute, bevor du ins Bett gehst, deinen nächsten Tag im Voraus!
- ✔ Nutze für deine Tagesplanung die ALPEN-Methode und achte dabei besonders auf Pufferzeiten!

💡 Lesetipps

- ✔ Bestnote (M. Krengel)
- ✔ Studieren kann man lernen (K. Klenke)
- ✔ Studieren. Eine Gebrauchsanweisung (E. Augustin et al.)

4. Semester:

Endlich anfangen

Was hält dich zurück?

Ziele: Check. Prioritäten: Check. Der Plan steht. Auf geht's!

Wenn das nur so einfach wäre.

Doch etwas Neues anzufangen, ist leichter gesagt als getan und stellt uns regelmäßig vor große Probleme. Motivationsprobleme, um genau zu sein. Viele Studenten nehmen diese erste Hürde nicht und beginnen nie oder viel zu spät mit einer wichtigen Aufgabe.

Irgendwie fehlt der Antrieb. Und deswegen beginnst du nicht mit der Zusammenfassung, verschiebst das Lernen und zögerst deine Studienarbeit hinaus.

Du hast zwar ein Ziel und weißt, was du erreichen möchtest; du hast dir auch überlegt, wie du es anpacken kannst, doch das Loslegen funktioniert nicht. Beim besten Willen nicht.

Aber keine Sorge: Du bist nicht allein.

Und: Du kannst etwas ändern! Das musst du auch, denn wenn du deine Komfortzone nicht verlassen willst, kannst du dir viele Ziele setzen. Aber du wirst sie nie erreichen – denn Ziele zu erreichen ist Arbeit.

Doch um die eigene Prokrastination zu überwinden und endlich den Arsch hochzukriegen, brauchst du keine ausgeklügelte Geheimstrategie oder viel intellektuelles Blabla.

Es reicht, wenn du dich selbst ein bisschen austrickst, deine Trägheit überlistest und damit einen Anfang hinbekommst.

Denn wenn du erst mal in Schwung bist, wird alles einfacher. Das Anfangen ist der schwierigste Teil der ganzen Aktion. Egal, was du dir vornimmst.

Also los, tricksen wir dich aus!

Stein für Stein

Große Ziele und umfangreiche Aufgaben können uns regelrecht erschlagen und die beste Planung zunichtemachen. Deine Anfangseuphorie und die Motivation, endlich loszulegen sind dann schneller weg als du „Tschakka!" brüllen kannst.

Damit das nicht passiert, greifen wir auf eine Abwandlung der „Salami-Taktik" (1. Semester) zurück:

Die First-Brick-Methode.

Die ganze Methode besteht darin, eine Aufgabe in viele kleine Stücke zu zerteilen und dann einen ersten, absolut machbaren, kleinen, überschaubaren Schritt zu machen. Dann kannst du dich ganz leicht an den einzelnen Teilaufgaben entlanghangeln und dich bis zum Ende durcharbeiten.

Auch beim Bau der 21.000 Kilometer langen Chinesischen Mauer vom 7. Jahrhundert v. Chr. bis zum 17. Jahrhundert n. Chr. fing alles mit einem ersten „brick in the wall" (Stein in der Mauer) an.

Ist diese erste kleine Hürde geschafft – ist der erste Stein gesetzt – fallen dir die nächsten Schritte deutlich leichter. Die Lust kommt nämlich beim Tun; durch die Freude, sich überwunden zu haben. Dadurch steigt deine Motivation und du gehst optimistisch auf die nächste Hürde zu.

Weil der Schritt so klein und einfach ist. Und dann machst du den nächsten. Und noch einen...

Vorgehen bei der First-Brick-Methode

Wenn du die First-Brick-Methode im Studium anwenden möchtest, legst du zuerst ein Ziel fest und definierst dann eine entsprechende (zielgerichtete) Aufgabe. Danach zerteilst du diese Aufgabe in viele kleine, völlig einfache Schritte und arbeitest sie dann ganz locker ab.

Der psychologische Trick dabei ist, dass große und komplexe Aufgaben plötzlich gar nicht mehr so gewaltig wirken. Denn wenn du ein schwieriges Problem erstmal auseinandergenommen und in kleine Teile aufgeteilt hast, siehst du, wie machbar das Ganze ist. Du wirst nicht mehr erdrückt und kannst klar und fokussiert loslegen. Immer mit dem Ziel vor Augen.

Die First-Brick-Methode besteht aus fünf kleinen Schritten:

Schritt 1: Lege ein Ziel fest!

Was möchtest du erreichen?

Schritt 2: Bestimme eine Aufgabe!

Womit erreichst du dein Ziel?

Schritt 3: Zerlege die Aufgabe in kleine Einzelteile!

Wie setzt sich die Aufgabe zusammen?

Schritt 4: Bestimme den ersten Schritt!

Wie willst du anfangen?

Schritt 5: Mach den ersten Schritt!

Es ist ganz leicht!

Genug Theorie, schauen wir uns ein paar Beispiele an.

Beispiel 1 (Skript lesen):

- ✔ Du möchtest dich auf deine nächste Vorlesung vorbereiten (Ziel) und beschließt, dafür das Vorlesungsmanuskript zu lesen (Aufgabe).

- ✔ Jetzt zerlegst du deine Aufgabe, also das Skriptlesen, in viele kleine, lächerliche Teile. Zum Beispiel so: Das Skript besteht aus fünf Kapiteln, jedes Kapitel hat 15 Seiten und jede Seite hat vier bis sechs Absätze. An dieser Stelle halten wir an, weil das Lesen eines Absatzes ein kleiner, lächerlicher Schritt ist.

- ✔ Und jetzt liest du den ersten Absatz. Und dann den zweiten. Und so weiter. Dein Mindset ist jetzt: Yay, ich lese nur einen Abschnitt und dann bin ich fertig. Und nicht: Oh nein, ich muss das ganze Skript lesen.

Beispiel 2 (Klausuraufgaben wiederholen):

- ✔ Du möchtest dich für deine nächste Prüfung vorbereiten (Ziel) und beschließt, deswegen eine alte Klausur zu bearbeiten (Aufgabe).

- ✔ Wieder unterteilst du zunächst deine Aufgabe, also die alte Klausur, in viele kleine, lächerliche Teile. Zum Beispiel so: Die Klausur hat vier Aufgaben, jede Aufgabe hat drei Teilaufgaben, die wiederum aus Einzelfragen bestehen. An dieser Stelle stoppen wir wieder, weil eine Einzelfrage ein kleiner, absolut machbarer Schritt ist.

- ✔ Und jetzt fängst du an, indem du jede kleine Frage bearbeitest. Einfach hintereinander weg. Du wirst dich nach jedem kleinen Problem, das du gelöst hast, freuen und stolz sein, dass du dich durchgebissen hast. Du hast nicht von Anfang an die ganze schwere Klausur vor der Brust, sondern „nur" kleine Einzelfragen.

Beispiel 3 (Vor der Uni joggen gehen):

- ✔ Du kannst die First-Brick-Methode natürlich auch auf andere Bereiche deines Studentenlebens übertragen und dir dadurch Schritt für Schritt neue gute Gewohnheiten beibringen (6. Semester).

- ✔ Du möchtest zum Beispiel mehr Sport machen (Ziel) und willst deswegen vor der Uni joggen (Aufgabe).

- ✔ Dann kannst du so vorgehen: Einfach nur mal um 6:15 Uhr aufstehen. Dann nur eben anziehen und in Laufklamotten vor die Haustür stellen. Einfach 50 Meter gehen. Dann 100 Meter laufen. Dann nochmal 100 Meter. Und so weiter.

Bei der First-Brick-Methode ist es besonders wichtig, dass du dir Zeit für die Vorbereitung nimmst und wirklich kleine, einfache Schritte definierst. Wenn du am Anfang zu viel willst und deine Aufgaben zu groß wählst, funktioniert das System nicht.

Lieber ein bis zwei Schritte zu viel einplanen, als später einen großen Brocken vor der Brust zu haben, der dich lähmt und zum Aufgeben zwingt.

Außerdem darfst du nicht zu perfektionistisch an die Sache herangehen und die einzelnen Schritte nicht zu ausführlich behandeln. Abarbeiten und fertig.

Mithilfe der First-Brick-Methode kannst du deine Ziele im Studium konsequent verfolgen und deine Aufgaben Schritt für Schritt erledigen, ohne dabei die Übersicht und deine Motivation zu verlieren. Ganz einfach. Schritt für Schritt. Stein für Stein.

Aber manchmal reicht auch die kleinste Teilaufgabe und die einfachste Startaktion nicht: Du kannst dich einfach nicht überwinden und anfangen.

Darum sehen wir uns jetzt einen kleinen Trick an, mit dem du dir selbst in den Hintern treten und einfacher loslegen kannst. Damit sagen wir deinen Startschwierigkeiten beim ersten Schritt den Kampf an.

Mach's wie Cäsar

Um die Aufschieberitis zu überwinden und deine nervige Inkonsequenz in den Griff zu bekommen, brauchst du hin und wieder etwas Druck.

Im besten Fall erzeugst du diesen Druck auch noch selbst. Denn das macht dich unabhängig von anderen und gibt dir die volle Kontrolle über dein Zeitmanagement. Dazu schauen wir uns jetzt ein einfaches Konzept an, mit dem du einen ersten, kaum umkehrbaren Schritt einleiten kannst:

Die Rubikon-Methode.

Kurze Zeitreise: Die Rubikon-Methode basiert auf der Metapher „den Rubikon überschreiten" und hat ihren Ursprung vor mehr als 2.000 Jahren. Damals, um genau zu sein 49 v. Chr., überschritt Julius Cäsar mit seinen Soldaten den kleinen italienischen Grenzfluss Rubikon und löste damit einen Bürgerkrieg aus.

Seitdem hat „den Rubikon überschreiten" die Bedeutung, eine folgenschwere und weitreichende Entscheidung zu treffen. Ein Schritt also, den man nicht mehr zurücknehmen kann. Und genau diese Methodik kannst du auch auf deine Produktivität beim Studieren anwenden.

Du musst dich nur selbst anschubsen und zum Erfolg zwingen. Mit einem kleinen Schritt, den du nicht mehr zurücknehmen kannst. Damit führt dich diese Methode schnurstracks aus deiner Komfortzone. Du setzt dir selbst die Pistole auf die Brust und sorgst dafür, dass dein innerer Schweinehund nicht wieder die Oberhand gewinnen kann.

Du überschreitest also deinen persönlichen Rubikon und kannst dann nicht mehr zurück. Du musst weitermachen. Aber lass uns konkret werden. Denn schon nach fünf einfachen Schritten hat es sich ausprokrastiniert.

Vorgehen bei der Rubikon-Methode

Die Rubikon-Methode kannst du ganz einfach anwenden, indem du dich an diese fünf Schritte hältst:

Schritt 1: Identifiziere dein Problem!

Was läuft schief?/Was möchtest du ändern?

Schritt 2: Setze dir ein Ziel!

Was möchtest du erreichen?

Schritt 3: Werde dir über deinen Antrieb bewusst!

Warum möchtest du das?

Schritt 4: Bestimme den ersten Schritt!

Wie würdest du anfangen?

Schritt 5: Überschreite deinen persönlichen Rubikon!

Mach es einfach!

Die Schritte 4 und 5 sind natürlich mit Abstand am schwierigsten. Darum zeige ich dir jetzt an einigen Beispielen, wie du deine

Aufgaben im Studium anpacken kannst und durch einen bewussten Schritt den Rubikon überschreitest. Ziel dabei ist es, durch deine Anfangshandlung nicht wieder in alte Muster zurückzufallen und dich auf diese Weise selbst zum Erfolg zu zwingen.

Beispiel 1 (Skript/Fachbuch durcharbeiten):

✔ Ziel: Du möchtest diese Woche dein Skript oder ein Fachbuch durcharbeiten.

✔ Action: Schreibe deinem Dozenten jetzt sofort eine E-Mail und vereinbare kurzfristig einen Termin, weil du ein paar inhaltliche Spezialfragen hast.

✔ Rubikon: Die Sprechstunde kannst du nur schwer wieder absagen – das würde keinen guten Eindruck hinterlassen.

Beispiel 2 (Studienarbeit fertigstellen):

✔ Ziel: Du möchtest diesen Monat endlich deine Studienarbeit fertigstellen.

✔ Action: Erzähle jedem, den du triffst, dass du diesen Monat mit der Arbeit fertig wirst und versprich einem Freund oder einer Freundin hoch und heilig, dass du 200 Euro spendest, wenn du die Deadline nicht einhalten kannst.

✔ Rubikon: Deine Freunde nehmen dich nicht mehr ernst, wenn du doch nicht fertig wirst. Die Geldspende würde dir außerdem finanziell wehtun und motiviert dich zusätzlich.

Beispiel 3 (Klausur bestehen):

✔ Ziel: Du möchtest deine Klausur am Ende des Semesters mindestens mit einer 1,7 bestehen.

✔ Action: Bewirb dich bei dem entsprechenden Lehrstuhl als studentische Hilfskraft oder verpflichte dich zu einer zusätzlichen Projektarbeit. Andernfalls: Biete Nachhilfeunterricht zu dem Thema an.

✔ Rubikon: Du musst ein Experte auf dem Gebiet werden. Du verlierst sonst dein Gesicht, wenn du die Klausur nicht mindestens mit der Note 1,7 bestehst.

Beispiel 4 (Rhetorik verbessern):

✔ Ziel: Du möchtest deine Rhetorik verbessern, weil du Angst davor hast, vor vielen Menschen zu sprechen.

✔ Action: Frage deinen Dozenten nach der Vorlesung, ob du beim nächsten Termin ein Referat halten darfst. Schlage ein konkretes Thema vor.

✔ Rubikon: Der Dozent kennt dich jetzt persönlich und wird einen möglichen Rückzieher nicht so schnell vergessen.

Wichtig: Die Aufgaben müssen eine Herausforderung für dich sein, aber kein Ding der Unmöglichkeit. Fang klein an.

Außerdem solltest du dich am Anfang nicht übernehmen, indem du zu viele Baustellen auf einmal aufmachst. Wer mehrere Sachen gleichzeitig anpackt, verzettelt sich leicht.

Du musst mit dieser Methode erst vertraut werden und brauchst eine gewisse Eingewöhnungsphase.

Denn: Am Anfang wirst du dir furchtbar auf die Nerven gehen! Weil du dich ab jetzt regelmäßig selbst aus der Komfortzone bringen wirst – und das ist unangenehm. Aber es lohnt sich.

Mit der Rubikon-Methode kannst du deine Prokrastination austricksen und hast ein nützliches Werkzeug, um dir regelmäßig Starthilfe bei neuen Aufgaben zu geben.

Diese Methode wird dir dabei helfen, einen ersten wichtigen Schritt zu unternehmen, um anschließend fokussiert weiterzumachen. Umkehren ist dann nämlich nicht mehr drin.

Am Anfang wird es ungewohnt für dich sein, weil du dich bewusst selbst unter Druck setzt. Aber du wirst erstaunt sein, wie stark du bist und wie viel du wirklich erreichen kannst, wenn du nur die richtigen Rahmenbedingungen dafür schaffst.

Endlich anfangen

👁 Auf einen Blick

✔ Das Erreichen von Zielen ist Arbeit und führt dich aus deiner Komfortzone.

✔ Der Anfang ist der schwierigste Teil jeder Aktion.

✔ Deine Prokrastination kannst du überwinden, indem du dich austrickst.

✔ Mit der First-Brick-Methode findest du einen leichten ersten Schritt.

✔ Mit der Rubikon-Methode setzt du dich selbst unter Druck und zwingst dich zum Erfolg.

☆ Aufgaben

✔ Nimm dir ein Ziel vor und zerteile deine Aufgabe mit der First-Brick-Methode in kleine Babyschritte!

✔ Überschreite deinen persönlichen Rubikon und mache einen ersten unwiderruflichen Schritt!

✔ Fang sofort an – es dauert nur fünf Minuten!

💡 Lesetipps

✔ Trottelfallen (S. Scheuermann)

✔ So zähmen Sie Ihren inneren Schweinehund (M. von Münchhausen et al.)

✔ Mach es einfach! (I. Grzeskowitz)

5. Semester:

Produktiv werden

Bist du beschäftigt oder produktiv?

Endlich bist du im Arbeitsmodus. Deine To-do-Liste steht und du kämpfst dich von Aufgabe zu Aufgabe. Du musst dich zwar jedes Mal ein bisschen überwinden, aber du packst die Dinge jetzt an und zwingst dich zum Weitermachen.

Doch einfach nur beschäftigt sein reicht nicht. Viele Studenten sind beschäftigt: Sie sortieren fleißig ihre Unterlagen, fassen unglaublich viele Informationen zusammen und recherchieren, was das Zeug hält. Sie tun zwar etwas – aber am Ende bringt ihnen das nichts!

Sie sind beschäftigt, aber nicht produktiv.

Wenn du dich also fragst, warum du beim Studieren immer unter deinen Möglichkeiten bleibst und auch sonst nicht viel gebacken bekommst, dann liegt es vielleicht daran, dass du deine Zeit mit unnötigen Dingen füllst, die dich deinen Zielen nicht näher bringen.

Wenn du – zum Beispiel – ein Modul mit einer Eins vor dem Komma bestehen möchtest, aber drei Stunden dafür brauchst, deine Ordnerbeschriftungen auf den neuesten Stand zu bringen und fünf kleine Definitionen zu googeln, kommst du in die Hall of Fame der unproduktivsten Studenten aller Zeiten. Mit Effizienz hat das wenig zu tun.

Etwas Unwichtiges wird auch dadurch, dass man es sehr gut erledigt, nicht zu etwas Wichtigem.

Doch produktives Studieren kann man lernen. In diesem Abschnitt sehen wir uns an, wie du deine täglichen Aufgaben effizient erledigen kannst. Gemeinsam sagen wir deinen Zeitfressern den Kampf an und konzentrieren uns darauf, wie du deutlich bessere Ergebnisse bei gleichem Aufwand erzielen kannst.

Wenn du effizient arbeitest und die wichtigsten Produktivitätstechniken regelmäßig in deinen Alltag integrierst, wirst du automatisch erfolgreicher im Studium – ohne eine zusätzliche Sekunde Zeit zu investieren.

20 Prozent auf alles

Wenn du deine Ziele erreichen und deine Pläne in die Tat umsetzen möchtest, musst du die richtigen Dinge tun. Du musst effektiv sein. Wenn du dann noch Zeit sparen möchtest, solltest du deine Aufgaben so wirtschaftlich wie möglich abarbeiten. Du musst also effizient werden.

Dieser Unterschied zwischen Effektivität und Effizienz ist wichtig für dein neues Zeitmanagement und bildet die Grundlage für eine hohe Produktivität.

Darum nochmal als Eselsbrücke:

> Effektiv: Die richtigen Dinge tun.

> Effizient: Die Dinge richtig tun.

Dabei kommt die Effektivität immer vor der Effizienz. Deswegen bitte unbedingt den folgenden Satz von Tim Ferriss merken:

> Was du tust, ist unendlich wichtiger, als wie du es tust!

Natürlich ist es wichtig, effizient zu arbeiten, aber jede Effizienz ist wertlos, wenn du sie nicht auf die richtigen Dinge anwendest.

Um die richtigen Dinge zu finden, machen wir jetzt einen kleinen Abstecher in die Ökonomie und sehen uns das bekannte Pareto-Prinzip an. Danach kannst du viel besser einschätzen, welche Aufgaben wichtig für dich sind und bei welchen Aktivitäten du deine Zeit verschwendest.

Vilfredo Pareto war ein gerissener, italienischer Wirtschaftsprofessor und hatte viel für Statistik übrig. In einer seiner bekanntesten Untersuchungen hat er das 80/20-Prinzip nachgewiesen, was später unter den Namen „Pareto-Verteilung" oder „Pareto-Prinzip" unglaublich berühmt wurde.

Darum ging es dabei: Pareto fand heraus, dass der Wohlstand in einer Gesellschaft sehr ungleichmäßig verteilt ist. Genauer gesagt wies er nach, dass sich 80 Prozent des Vermögens im Besitz von 20 Prozent der Bevölkerung befanden.

So weit, so langweilig. Aber: Diese Verteilung lässt sich verallgemeinern und dann auf viele andere Bereiche außerhalb der Ökonomie übertragen und anwenden. Und das ist richtig hilfreich für dich und dein Zeitmanagement!

Das allgemeine Pareto-Prinzip lautet:

Nur 20 Prozent des Inputs sorgen für 80 Prozent des Gesamtoutputs.

Und das bedeutet für dich und dein Studium:

- ✔ 80 Prozent deiner Lernfortschritte entstehen in 20 Prozent deiner Lerneinheiten.

- ✔ 80 Prozent der Punkte in der Klausur holst du mit 20 Prozent deiner Prüfungsvorbereitung.

- ✔ 80 Prozent der Note deiner Abschlussarbeit entstehen aus 20 Prozent deiner Leistung.

- ✔ 80 Prozent der Ergebnisse erzielst du in 20 Prozent der eingesetzten Zeit.

Diese Liste kann endlos fortgesetzt und auf fast alle Bereiche in deinem Leben übertragen werden. Das Ungleichgewicht ist dabei sogar oft noch höher: 90/10, 95/5 oder 99/1. Mindestens gilt aber das Verhältnis 80/20.

Für dein Zeitmanagement heißt das konkret:

In 20 Prozent deiner Zeit sorgst du für 80 Prozent deines Erfolgs.

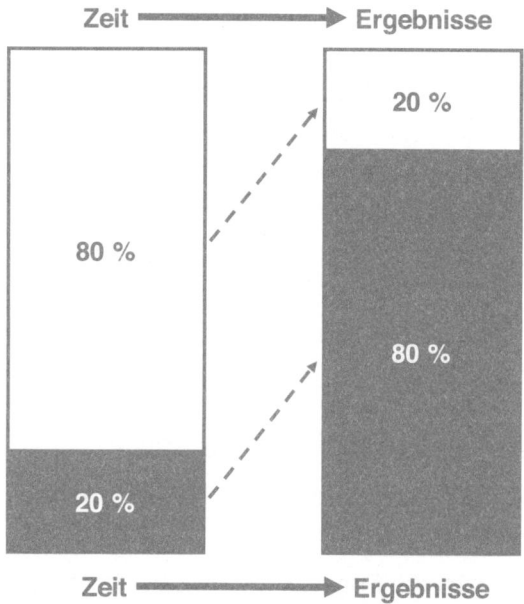

Die verbleibenden 80 Prozent deiner Zeit wendest du für die restlichen 20 Prozent deiner Ergebnisse auf. Oder mit anderen Worten: Wenn du eine To-do-Liste mit zehn Aufgaben vor dir hast, sind zwei Aufgaben davon mindestens genauso wertvoll wie die anderen acht zusammen.

Und jetzt rate mal, welche Aufgaben der Durchschnittsstudent von seiner To-do-Liste bearbeitet: Richtig, vorzugsweise diejenigen, die ihm gerade mal 20 Prozent des Ergebnisses bringen. Und warum? Weil dies meistens die kleinen, einfachen Aufgaben sind. Die Aufgaben, die leicht von der Hand gehen, weil sie nicht kompliziert sind.

Wenn du dich um diesen Kleinkram kümmerst, bist du zwar beschäftigt, aber du kommst nicht voran. Du verschwendest deine Zeit mit den 20 Prozent, anstatt dich um die 80 Prozent zu kümmern.

Die Aufgaben, die zu den wertvollen 20 Prozent gehören, sind im Gegensatz dazu oft dicke Brocken, deine Frösche (2. Semester), die unbequem und schwierig sind. Aber sie bringen dich weiter. Frage dich daher jedes Mal, wenn du mit einer neuen Aufgabe beginnst:

Gehört diese Aktivität zu den wertvollen 20 Prozent?

Und wenn sie nicht dazugehört, dann kommt diese Aufgabe erst einmal nach hinten! Kümmere dich ab jetzt primär um die Dinge, die dir überproportional gute Ergebnisse bringen. Sortiere knallhart aus, indem du Prioritäten setzt (3. Semester) und den unfairen Vorteil der Pareto-Verteilung für dich ausnutzt.

Die meisten Dinge, die du bisher getan hast, bringen dir wenig oder überhaupt nichts. Dinge zu tun, nur damit du überhaupt etwas tust, ist nicht produktiv und schon gar nicht klug. Gezielt auswählen, was wichtig ist – das ist der richtige Weg. Und diesen Weg wirst du durch Ausprobieren lernen müssen.

Du musst ein bisschen experimentieren, um herauszufinden, welche Aktivitäten beim Lernen, Arbeiten oder Schreiben die besten Ergebnisse für dich erzeugen. Aber der Aufwand wird sich lohnen. Denn wenn du deine 20-Prozent-Aktivitäten erst einmal kennst, bist du auf dem besten Weg, dein Zeitmanagement zu revolutionieren.

Und falls du jetzt denkst, dass du dafür zu wenig Zeit hast, weil die nächste Deadline schon vor der Tür steht, dann wird dich das nächste Kapitel beruhigen.

Die magische Deadline

Viele Menschen gehen sehr verschwenderisch mit ihrer Zeit um. Und Studenten ganz besonders.

Denk einfach mal an deine letzte Prüfung zurück: Wann hast du mit der Vorbereitung, mit dem Lernen angefangen? Direkt nach der ersten Vorlesung? Irgendwann am Anfang oder in der Mitte des Semesters? Oder ein paar Tage vor dem Prüfungstermin?

Beim überwiegenden Teil deiner Prüfungen schiebst du das Lernen auf und gibst erst in letzter Minute richtig Gas. Vorher fasst du vielleicht mal ein paar Seiten aus dem Skript zusammen oder mogelst dir fünf bis sechs Karteikarten zurecht – aber ansonsten trödelst du rum.

Daher kommt auch die bekannte Studentenweisheit:

„In der Nacht vor der Prüfung lernt man am meisten!"

Dabei ist der Satz falsch. Richtig müsste es heißen:

„In der Nacht vor der Prüfung lernt man das Wichtigste!"

Und eben das fühlt sich an wie „das meiste". Weil es gute Ergebnisse bringt und dir zeigt: Wenn man sich auf die wesentlichen Inhalte konzentriert und alles Unwichtige weglässt, kann man in kürzester Zeit Großes leisten.

Hättest du mit dieser Nacht-vor-der-Prüfung-Methode die Tage und Wochen vorher gelernt – deine Noten wären explodiert!

Die Frage ist nur: Warum tust du das dann nicht?

Antwort: Wegen der magischen Deadline. Oder, um es mit den Worten des Soziologen Cyril Parkinson zu sagen:

Eine Aufgabe dehnt sich in genau dem Maß aus, wie Zeit für ihre Erledigung zur Verfügung steht.

Dieses Phänomen, auch bekannt als das „Parkinson'sche-Gesetz", lässt sich täglich in fast jeder Situation beobachten, in der Menschen ohne feste Restriktionen arbeiten. Denn ohne eine genaue Terminierung sind Aufgaben unendlich dehnbar und nehmen riesige Zeitfenster ein.

Natürlich haben wir nie alle Infos zusammen und können alles noch schöner und besser machen – aber lohnt sich das immer? Nein, natürlich nicht!

Doch wir machen trotzdem weiter. Wir verstricken uns in Details und verlieren das Wesentliche aus dem Blick. Eine Deadline schärft jedoch unseren Fokus. Wir werden dazu gezwungen, uns auf die wichtigen Dinge zu konzentrieren, weil keine Zeit für Nebensächlichkeiten bleibt. Deswegen sind Deadlines so nützlich; unbequem und nervig, aber nützlich.

Wenn dir eine Nacht Zeit bleibt, um dich auf eine Prüfung vorzubereiten, bist du unter diesem Zeitdruck gezwungen, dich auf das absolut Notwendigste zu konzentrieren. Am nächsten Tag ist Prüfung – du musst liefern!

Wenn du eine Woche Zeit hast, wirst du die ersten Tage mit unproduktivem Kram vertrödeln, dich mit vielen Kleinigkeiten aufhalten und zum Ende hin immer fokussierter lernen. Wenn du aber einen Monat lang Zeit hast, verzettelst du dich komplett, arbeitest viel zu perfektionistisch und kannst eine effiziente Prüfungsvorbereitung vergessen.

Eine bevorstehende Deadline hat großen Einfluss darauf, wie lange wir brauchen, um eine Aufgabe zu erledigen und wann der größte Fortschritt zur Fertigstellung erreicht wird.

Genau das zeigt die folgende Grafik:

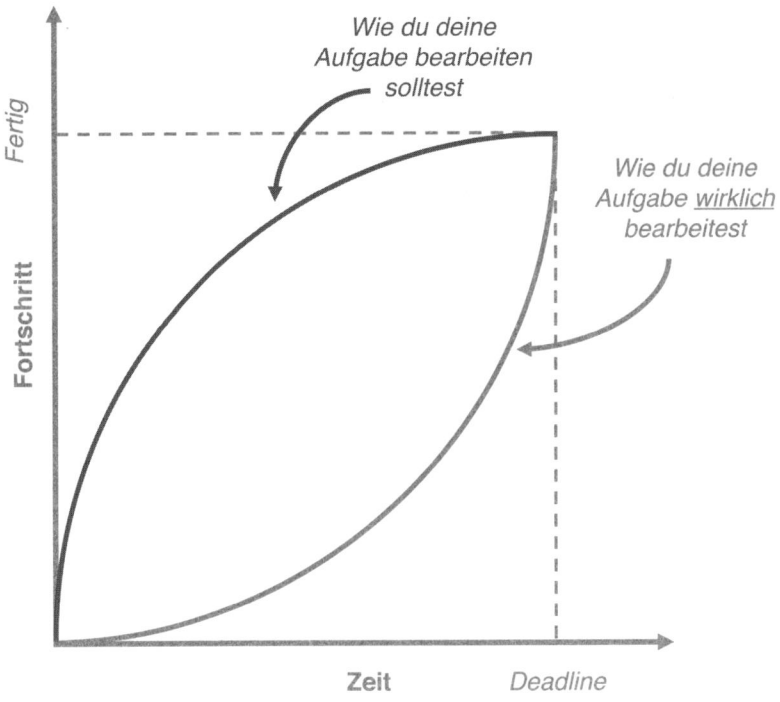

Die meisten Ergebnisse werden erst kurz vor Ende der Deadline erreicht – vorher ist deine Leistungskurve eher flach.

Je weiter die Deadline also in der Zukunft liegt, je mehr Zeit uns bleibt, desto einfallsreicher werden wir darin, diese Zeit zu füllen. Nur leider mit unproduktivem Quatsch, der uns nicht weiterbringt. Um genau das zu verhindern, solltest du ab jetzt diese beiden Dinge tun:

1. Weise jeder Aufgabe eine strenge Deadline zu!

2. Die Deadline muss zeitnah und verbindlich sein!

Deadlines, die erst in mehreren Wochen oder Monaten relevant werden, bringen dich nicht weiter. Solche Termine bauen nur mentalen Druck auf und verleiten dich dazu, ineffizient zu arbeiten. Genauso wenig helfen dir Deadlines, die überhaupt keinen Druck auf dich ausüben. Wenn du schon von Anfang an weißt, dass ein Überschreiten der Frist keine Konsequenzen für dich haben wird, ist deine Deadline nicht magisch, sondern sinnlos.

Externe Deadlines

Du kannst dir nicht alle Deadlines selbst aussuchen. Wenn du eine vorgegebene Deadline, wie zum Beispiel eine Klausur oder eine schriftliche Studienarbeit vor der Brust hast, die weit in der Zukunft liegt, bist du erst einmal aufgeschmissen.

Die Deadline ist zwar verbindlich (du musst an diesem Termin deine Klausur schreiben/du musst deine Studienarbeit abgeben), aber nicht zeitnah.

Was du in dieser Situation tun kannst:

Setze dir auf dem Weg zu einer großen Deadline viele kleine Deadlines mit Zwischenzielen.

Ziel dabei ist es, dass du deine große Deadline zwar im Blick behältst, dich aber zuerst auf die zeitnahen Mini-Deadlines konzentrieren musst und dich dadurch nicht von Kleinkram ablenken lässt.

Beispiel 1 (Klausur):

✔ Große Deadline: Klausur in vier Wochen

✔ Kleine Deadlines: Du verteilst deine Lerninhalte über vier Wochen und weist jedem Zwischenziel eine Frist zu.

✔ Das könnte dann so aussehen:
1. Tag: Unterlagen zusammenstellen
3. Tag: Zusammenfassung Kapitel 1-3 fertig
5. Tag: Zusammenfassung Kapitel 4-6 fertig
7. Tag: Zusammenfassung Kapitel 7-10 fertig
10. Tag: Alle Fallstudien wiederholt
12. Tag: Definitionen 1-15 auswendig gelernt
14. Tag: Klausuren aus dem Vorsemester bearbeitet
...

✔ Damit deine kleinen Deadlines verbindlich genug sind, musst du dir selbst ein eigenes Drucksystem aufbauen. Du kannst dir zum Beispiel Lernpartner suchen, mit denen du dich regelmäßig triffst und austauschst. Dadurch verpflichtest du dich, an deinem Plan festzuhalten, weil du dich nicht blamieren möchtest. Außerdem müsstest du dich rechtfertigen und erklären, warum du nichts getan hast.

Beispiel 2 (Studienarbeit):

✔ Große Deadline: Abgabe Studienarbeit in zwei Monaten

- ✔ Kleine Deadlines: Du verteilst die zu schreibenden Kapitel auf die acht Wochen und legst dazu immer eine Frist fest.
- ✔ Das könnte dann so aussehen:
  1. Woche: Literaturrecherche fertig
  2. Woche: Statistische Hintergrundinfos fertig
  3. Woche: Theoretische Grundlagen fertig
  4. Woche: Fallstudie fertig
  5. Woche: Ergebnisse fertig
  6. Woche: Auswertung fertig
  …
- ✔ Damit deine kleinen Deadlines auch genug Druck aufbauen, kannst du dich zum Beispiel in jeder Woche mit deinem Betreuer oder Mentor treffen und deine bisherigen Arbeiten besprechen. Sollte das nicht möglich sein, suchst du dir eine andere Person, die dich „kontrolliert".

Mit verbindlichen Deadlines in naher Zukunft kannst du deine Produktivität deutlich erhöhen. Wichtig ist, dass du allen Aufgaben eine genaue Frist zuordnest und dich auch daran hältst.

Bei vorgegebenen Deadlines, die weit in der Zukunft liegen, unterteilst du das übergeordnete Ziel in Zwischenschritte und setzt dir selbst kleine Deadlines, damit du dich auf das Wesentliche konzentrieren kannst und nicht abgelenkt wirst.

Jetzt sehen wir uns noch die Pomodoro-Technik an, die das praktische Arbeiten mit Deadlines auf die Spitze treibt und dein neuer Effizienz-Booster werden kann.

Mit der Stoppuhr

Deadlines fördern also deine Produktivität und funktionieren erst dann richtig gut, wenn sie zeitnah enden. Francesco Cirillo hat sich genau diese beiden Dinge zunutze gemacht und mit der „Pomodoro-Technik" eine der bekanntesten Methoden des Zeitmanagements entwickelt.

Cirillo hatte viel zu tun. Viele verschiedene Aufgaben mit großen Deadlines, die erst in einigen Wochen endeten. Das blockierte ihn so stark, dass er sich nicht dazu durchringen konnte, mit seiner To-do-Liste anzufangen.

Überfordert holte er sich in einem kreativen Selbstversuch seine kleine Küchenuhr aus dem Schrank, die er sonst zum Eierkochen benutzte, stellte sie auf 25 Minuten und verabredete mit sich selbst: „Wenn ich es schaffe, in dieser Zeit konzentriert an einer Aufgabe zu arbeiten, bekomme ich danach fünf Minuten frei. In dieser kleinen Pause kann ich alles machen, was ich möchte, ohne ein schlechtes Gewissen zu haben."

In den folgenden 25 Minuten schaffte Cirillo so viel, wie sonst an einem ganzen Tag.

Und das alles wegen einer kleinen Uhr, die die Form einer Tomate (italienisch: pomodoro = Tomate) hatte und nach 25 Minuten klingelte. Das war die Geburtsstunde der Pomodoro-Technik und für Cirillo der Beginn einer neuen Lebensweise.

Bei der Pomodoro-Technik teilst du deine große Aufgabe in kleine Arbeitseinheiten auf, die jeweils 25 Minuten dauern. In dieser

Zeit konzentrierst du dich nur auf deine Aufgabe und versuchst alles zu erledigen. Danach folgt eine fünfminütige Pause, in der du dich erholen und bewusst ablenken kannst. Dann kommt die nächste 25-Minuten-Einheit und so weiter.

Durch diese kleinschrittige Aufteilung nimmst du großen Aufgaben den Schrecken und kannst dich Schritt für Schritt an dein Ziel heranarbeiten (4. Semester). Die Deadline von 25 Minuten zwingt dich dazu, Nebensächlichkeiten auszublenden, und die Pause nach jedem Arbeitsintervall motiviert dich zusätzlich.

Außerdem ist die Pomodoro-Technik kinderleicht: Sie besteht aus vier kleinen Schritten, die du sofort und ohne große Vorbereitung umsetzen kannst.

Vorgehen bei der Pomodoro-Technik

Die Pomodoro-Technik besteht aus diesen vier Schritten:

Schritt 1: Formuliere die Aufgabe schriftlich!

Was möchtest du tun?

Schritt 2: Stoppuhr/Timer auf 25 Minuten stellen!

Das ist deine Pomodoro-Einheit.

Schritt 3: Aufgabe genau 25 Minuten lang bearbeiten!

Arbeite fokussiert und konzentriert – ohne Ablenkung.

Schritt 4: Fünf Minuten Pause machen!

Jetzt darfst du dich kurz ablenken und erholen.

Nach vier Pomodoro-Einheiten legst du eine längere Pause von 15-30 Minuten ein und startest dann erneut mit einem Viererset.

Das Arbeiten in kurzen Zeiteinheiten trägt zu einer deutlichen Produktivitätssteigerung bei, weil du dich beeilen musst, um in der festgelegten Zeit deine Aufgabe zu erledigen. Du erzeugst also künstliche Deadlines und motivierst dich damit von Einheit zu Einheit – aber ohne dabei zu sehr unter Druck zu geraten, weil du nach jeder Belastung eine kurze Pause einlegst.

Dazu ein paar Beispiele:

Beispiel 1 (Vorlesungsskript zusammenfassen):
✔ Pomodoro-Plan:
1) 25 Minuten: Skript zusammenfassen (Seite 1-22)
2) 5 Minuten: Pause
3) 25 Minuten: Skript zusammenfassen (Seite 23-38)
4) 5 Minuten: Pause
5) 25 Minuten: Skript zusammenfassen (Seite 39-52)
6) 5 Minuten: Pause
7) 25 Minuten: Skript zusammenfassen (Seite 53-80)
8) 30 Minuten: Pause
9) 25 Minuten: Skript zusammenfassen (Seite 81-97)
10) 5 Minuten: Pause
...

Beispiel 2 (Alte Klausuren bearbeiten):
✔ Pomodoro-Plan:
1) 25 Minuten: Aufgabe 1 bearbeiten (Klausur Nr. 1)
2) 5 Minuten: Pause
3) 25 Minuten: Aufgabe 2 bearbeiten (Klausur Nr. 1)

4) 5 Minuten: Pause
5) 25 Minuten: Aufgabe 3 bearbeiten (Klausur Nr. 1)
6) 5 Minuten: Pause
7) 25 Minuten: Aufgabe 1 bearbeiten (Klausur Nr. 2)
8) 30 Minuten: Pause
9) 25 Minuten: Aufgabe 2 bearbeiten (Klausur Nr. 2)
10) 5 Minuten: Pause

...

Beispiel 3 (Bachelorarbeit schreiben):

✔ Pomodoro-Plan:
1) 25 Minuten: Quelle 1 lesen und zusammenfassen
2) 5 Minuten: Pause
3) 25 Minuten: Quelle 2 lesen und zusammenfassen
4) 5 Minuten: Pause
5) 25 Minuten: Kapitel 3.1 schreiben
6) 5 Minuten: Pause
7) 25 Minuten: Kapitel 3.1 fertig schreiben
8) 30 Minuten: Pause
9) 25 Minuten: Diagramm 3.1 und 3.2 erstellen
10) 5 Minuten: Pause

...

Achte bei der Pomodoro-Technik darauf, dass du deine Aufgaben vorher genau formulierst und konkrete Ziele festlegst (1. Semester). Ansonsten besteht die Gefahr, dass du dich zwar 25 Minuten lang beschäftigst, aber nicht produktiv bist.

Außerdem: Manche deiner Aufgaben und Ziele kannst du nicht in 25 Minuten erledigen, weil sie zu umfangreich oder zu komplex sind. Teile deine Aufgaben dann einfach auf die nächsten Zeitintervalle auf.

Solltest du vor den 25 Minuten fertig werden, kannst du schon mit der nächsten Aufgabe anfangen oder dir ein paar Minuten mehr Pause gönnen – je nach Tagesform und Mimimi-Level.

Mit der Pomodoro-Technik hast du ein nützliches Tool, um in kurzer Zeit hochproduktiv zu arbeiten. Die enggefassten Deadlines zwingen dich dazu, konzentriert und fokussiert zu arbeiten: Du musst dich auf das Wesentliche deiner Aufgabe konzentrieren und darfst keine Zeit vertrödeln.

Damit ist diese Methode eine praxisnahe Anwendung des Pareto-Prinzips und des Parkinson-Gesetzes und vereint so die Vorteile beider Ansätze. Das sind die besten Voraussetzungen, um endlich produktiv zu werden.

Produktiv werden

👁 Auf einen Blick

- ✔ Viele Studenten sind beschäftigt aber nicht produktiv.
- ✔ Effektivität bedeutet, die richtigen Dinge zu tun; Effizienz bedeutet, die Dinge richtig zu tun.
- ✔ Was du tust, ist unendlich wichtiger, als wie du es tust.
- ✔ Das Pareto-Prinzip lautet: 20 Prozent des Inputs sorgen für 80 Prozent des Gesamtoutputs.
- ✔ Das Parkinson-Gesetz lautet: Eine Aufgabe dehnt sich in genau dem Maß aus, wie Zeit für ihre Erledigung zur Verfügung steht.
- ✔ Bei der Pomodoro-Technik arbeitest du mit einer Stoppuhr in kleinen, effizienten Einheiten.

☆ Aufgaben

- ✔ Finde die 20-Prozent-Aufgaben auf deiner To-do-Liste, die für 80 Prozent deiner Ergebnisse sorgen!
- ✔ Setze für jede dieser Aufgaben eine feste Deadline, die zeitnah und verbindlich ist!
- ✔ Nutze die Pomodoro-Technik und arbeite in Etappen!

💡 Lesetipps

- ✔ Die 4-Stunden-Woche (T. Ferriss)
- ✔ Der Studi-Survival-Guide (M. Krengel)
- ✔ Die 7 Wege zur Effektivität (S. Covey)

6. Semester:

Gewohnheiten aufbauen

One-Hit-Wonder oder Dauerbrenner?

Zeitmanagement ist einfach und dauert nicht lange. Es funktioniert aber nur, wenn du es regelmäßig machst.

Ziele festlegen und Prioritäten setzen; Pläne schmieden, anfangen und produktiv werden: Das alles hat keinen nachhaltigen Wert, wenn du es nicht Tag für Tag wiederholst. Zeitmanagement muss bei dir zur Gewohnheit werden – es darf keine Ausnahme bleiben!

Über 95 Prozent deines Erfolgs im Studium hängen davon ab, welche Gewohnheiten du entwickelst. Einmalaktionen geben dir vielleicht einen kurzen Motivationsschub, aber der ist genauso schnell wieder weg, wie er gekommen ist.

Wenn du dir nur ein einziges Mal vor deiner Klausur einen Lernplan erstellst, hilft dir das vielleicht kurzfristig bei der Prüfungsvorbereitung – doch der positive Effekt verschwindet danach sofort wieder.

Wenn du aber über das ganze Semester hinweg deine täglichen Aktivitäten am Vorabend planst und durchpriorisierst, wirst du unglaublich viel Zeit sparen. Du wirst so viel mehr lernen, dass du das Gefühl haben wirst, in einem anderen Studiengang zu sein; und zwar in einem besseren und leichteren zugleich.

Wenn du es schaffst, verschiedene Planungs- und Produktivitätstechniken regelmäßig in deinen Alltag zu integrieren, wirst du langfristig erfolgreicher und glücklicher studieren als du es dir jemals vorstellen konntest.

Du wirst mehr schaffen und trotzdem weniger Stress haben. Stress kommt nämlich nicht von den Dingen, die du erledigt hast, sondern von dem, was du nicht erledigt hast.

Deshalb musst du gerade am Anfang konsequent sein und dir positive Gewohnheiten antrainieren. Doch das geht nicht auf Knopfdruck und ist mit etwas Arbeit verbunden, denn ohne ständige Übung und Wiederholung verankern sich deine neuen Gewohnheiten nicht in deinem Unterbewusstsein.

Damit sie aber genau das tun, gibt es jetzt ein paar Tipps und Hilfestellungen, die dir die Sache erleichtern.

Alte Gewohnheiten

Gewohnheiten sind mächtig. Und sie sind Fluch und Segen zugleich. Warum? Gewohnheiten sind super, denn man kann sie lernen und wenn man das einmal geschafft hat, laufen die komplexesten und nervigsten Handlungen ganz automatisch ab. Ohne dass wir etwas tun müssen – wie im Autopiloten.

Wenn du zum Beispiel dein ganzes Semester lang jeden Mittwochmorgen um acht Uhr zur Vorlesung gehst, ist diese regelmäßige Aufgabe für dich irgendwann zur Gewohnheit geworden. Während du dich am Anfang noch aus dem Bett quälen und in den Hörsaal schleppen musstest, ist die Vorlesung für dich am Ende des Semesters ein von dir akzeptierter Bestandteil deiner Tagesroutine. Zwar immer noch nervig – aber nicht mehr so schlimm.

Gewohnheiten können aber auch furchtbar sein. Besonders dann, wenn es sich um schlechte Gewohnheiten handelt, die uns unterbewusst manipulieren und ausbremsen. Es ist eine Herkulesaufgabe, diese kleinen Störenfriede dann wieder wegzubekommen.

Wenn du zum Beispiel jedes Mal, wenn du beim Lernen nicht weiterkommst, aufgibst und erst einmal schaust, was bei Facebook und YouTube los ist, wirst du deine Konzentrationsprobleme niemals in den Griff bekommen.

Anstatt dich durchzubeißen und nach Lösungen zu suchen, lenkst du dich lieber ab und baust damit eine völlig kontraproduktive Gewohnheit auf, die dich bei jeder Wiederholung stärker blockieren wird.

Aber zum Glück laufen Gewohnheiten immer in einem gleichen Muster ab. Jede Gewohnheit besteht aus diesen drei Schritten:

1. Auslösereiz

2. Durchführung

3. Belohnung

Die eigentliche Gewohnheit wird dabei nicht zufällig, sondern immer durch einen Auslösereiz eingeleitet. Nach Durchführung der Gewohnheit wird der Kreislauf dann durch eine Belohnung abgeschlossen.

Schauen wir uns dazu ein Beispiel an: während der Vorlesung mit dem Smartphone rumspielen

✔ Auslösereiz: Du sitzt in der Vorlesung und langweilst dich.

✔ Durchführung: Du spielst mit deinem Smartphone.

✔ Belohnung: Spannendere Unterhaltung als die Vorlesung.

Anderes Beispiel: am Morgen vor der Klausur wiederholst du nochmal deine Zusammenfassung

✔ Auslösereiz: Unsicherheit/Nervosität wegen der Klausur.

✔ Durchführung: Du lernst bis zur letzten Minute.

✔ Belohnung: Du fühlst dich sicherer und besser vorbereitet.

Mit diesem Muster kannst du alle deine Gewohnheiten analysieren und auseinandernehmen. Jede regelmäßige Handlung wird durch einen externen Einfluss verursacht und zielt immer auf eine Belohnung ab.

Deine alten Gewohnheiten werden dadurch transparent und du kannst ganz einfach verstehen, warum du tust, was du tust.

Diese zwei Fragen helfen dir dabei:

Wann führe ich die Gewohnheit aus? (Auslösereiz)

Warum führe ich die Gewohnheit aus? (Belohnung)

Zurück zu unserem ersten Beispiel: während der Vorlesung mit dem Smartphone rumspielen

✔ Wann führe ich die Gewohnheit aus?

Wenn mir in der Vorlesung langweilig ist.

✔ Warum führe ich die Gewohnheit aus?

Weil mein Smartphone spannender ist als die Vorlesung.

Oder hier: am Morgen vor der Klausur wiederholst du nochmal deine Zusammenfassung

✔ Wann führe ich die Gewohnheit aus?

Am Morgen vor der Klausur, wenn ich nervös bin.

✔ Warum führe ich die Gewohnheit aus?

Weil ich mich sicher fühlen möchte.

Wenn du deine Produktivität steigern und dein Zeitmanagement langfristig verbessern möchtest, musst du deine alten Gewohnheiten analysieren und herausfinden, welche Verhaltensmuster dich ausbremsen.

Dazu bietet es sich an, deine täglichen Abläufe genauer unter die Lupe zu nehmen und ein Aktivitätenprotokoll zu führen, in welches du jede deiner Handlungen aufnimmst. Das ist zwar im ersten Moment nervig und mit etwas Aufwand verbunden, aber schon nach einer Woche liegen dir belastbare Aussagen zu deinem aktuellen Ist-Zustand vor.

Wenn du zum Beispiel pro Tag 90 Minuten damit verbringst, deine E-Mails zu checken und fremde Facebook-Profile zu durchsuchen, macht das in der Woche unterm Strich 630 Minuten aus. Diese Zahl (mehr als zehn Stunden!) schwarz auf weiß vor Augen zu haben, zeigt dir genau, wo es gerade in deinem Zeitmanagement brennt.

Wenn du diese Missstände aufgedeckt hast, kannst du deine schlechten Gewohnheiten schrittweise durch neue und gute ersetzen. Wie das geht, schauen wir uns jetzt an.

Neue Gewohnheiten

Gewohnheiten laufen also nach einem festen Muster ab und können von dir verändert werden. Das ist zwar mit Arbeit verbunden, aber an sich keine große Sache.

Du brauchst nur etwas Motivation und eine kluge Strategie. Und darum bekommst du jetzt ein paar Best-Practice-Beispiele zum Aufbau neuer Gewohnheiten.

Eins nach dem anderen

Konzentriere dich immer nur auf eine neue Gewohnheit und überfordere dich am Anfang nicht mit zu vielen offenen Baustellen. Wer mehrere Dinge gleichzeitig zu ändern versucht, scheitert meist an allen.

Neue Verhaltensmuster fühlen sich am Anfang unbequem an und brauchen deine volle Aufmerksamkeit. Wenn du damit beginnst, jeden Morgen um sechs Uhr aufzustehen, deinen Tag zu planen und 30 Seiten in einem Buch zu lesen, ohne aufs Smartphone zu schauen, wirst du am Ende gar nichts davon hinbekommen.

Das Einzige, was du bekommst, ist schlechte Laune. Kümmere dich immer nur um eine neue Gewohnheit – aber dafür richtig.

Mini-Gewohnheiten

Wenn du ein neues Verhaltensmuster in deinen Alltag integrieren möchtest, darfst du nicht zu viel auf einmal wollen. Deine neue Gewohnheit darf nicht zu groß sein, denn sonst nimmst du dir deine Motivation und wirst unter dem Druck dieser Riesenaufgabe die Segel streichen.

Unterteile deine Gewohnheiten wie bei der First-Brick-Methode (4. Semester) in kleine Mini-Gewohnheiten, und arbeite dich Schritt für Schritt durch.

Anstatt direkt drei Stunden mit der Pomodoro-Technik am Stück zu arbeiten, kannst du zum Beispiel zunächst mit zwei Einheiten anfangen und dich dann täglich steigern.

Täglich üben

Aus Handlungen werden erst dann Gewohnheiten, wenn du sie regelmäßig praktizierst. Gib deinen neuen Gewohnheiten daher eine feste Zeitspanne pro Tag und zwing dich dazu, die Sache wirklich durchzuziehen.

Mach dir bewusst, dass es für dich von Tag zu Tag leichter wird und du deinen Fortschritt jetzt nicht einfach aufgeben darfst. Ohne tägliches Üben verpuffen die Effekte schnell wieder und du fällst in alte Muster zurück.

Dann wäre alles Bisherige umsonst gewesen.

Neues an Altes koppeln

Neue Gewohnheiten können leichter in deinen Alltag integriert werden, indem du sie an alte Verhaltensmuster koppelst.

Angenommen, du hast die folgende Abendroutine:

- ✔ Serie gucken
- ✔ Facebook checken
- ✔ Zähne putzen
- ✔ Duschen
- ✔ Im Bett lesen
- ✔ Schlafen

Zwischen diese Gewohnheiten kannst du jetzt zum Beispiel deine neue Gewohnheit „den nächsten Tag planen" einbauen:

- ✔ Serie gucken
- ✔ Den nächsten Tag planen
- ✔ Facebook checken
- ✔ Zähne putzen
- ✔ Duschen
- ✔ Im Bett lesen
- ✔ Schlafen

Durch die Einbettung in feste Muster fällt es dir leichter, die neue Gewohnheit anzunehmen und regelmäßig auszuführen. Nach kurzer Zeit ist sie dann fester Bestandteil deiner Routine.

Gewohnheiten planen

Gewohnheiten laufen in der Regel automatisch und ohne festen Plan ab. Solange deine neuen Handlungen aber noch nicht zur Gewohnheit konvertiert sind, musst du sie etwas sorgfältiger behandeln.

Am einfachsten ist es, wenn du Gewohnheiten fest in deinen Tagesablauf einplanst und die einzelnen Schritte wie eine To-do-Liste abarbeitest.

Mit der Zeit wirst du merken, dass die Dinge selbstverständlicher werden und eine Planung irgendwann überflüssig machen. Bis dahin sollten deine neuen Gewohnheiten aber in deinem Kalender stehen.

Verspätete Belohnung

Ähnlich wie die gekoppelten Gewohnheiten funktioniert das Konzept der verspäteten Belohnung.

Angenommen, du hast die folgende Routine aufgebaut:

- ✔ 90 Minuten lernen
- ✔ Serie gucken
- ✔ Zähne putzen
- ✔ Im Bett lesen
- ✔ Schlafen

Die Serie ist in diesem Fall deine Belohnung für die vorherigen 90 Minuten lernen. Wenn du deine Belohnung aber etwas aufschiebst, kannst du zum Beispiel die neue Gewohnheit „eine Stunde früher aufstehen" dazwischenziehen und das funktionierende Anreizsystem für dich nutzen.

Das könnte dann so aussehen:

- ✔ 90 Minuten lernen
- ✔ Zähne putzen
- ✔ Im Bett lesen
- ✔ Schlafen
- ✔ Eine Stunde früher aufstehen
- ✔ Serie gucken

Wichtig dabei ist, dass die Sprünge nicht zu weit und die neuen Gewohnheiten nicht zu unbequem sind. Und: Je größer die Belohnung ausfällt, desto leichter ist das Aufschieben.

Ohne Druck

„Ab heute lerne ich jeden Tag mindestens drei Stunden für die Uni, gehe in jede Vorlesung und schiebe nichts mehr auf." Wie oft hast du solche Vorsätze schon getroffen? Und wie oft hast du es dann doch nicht gemacht?

Wenn du deine neuen Gewohnheiten direkt für die Ewigkeit auslegst, baust du großen Druck auf. Druck, der kontraproduktiv ist und dich blockieren kann.

Lege deine neuen Gewohnheiten stattdessen für einen kürzeren Zeitraum fest und konzentriere dich erstmal auf die nächste Woche oder den nächsten Monat.

Das ist für den Anfang leichter und nicht so bedrückend. So kannst du dich dann Schritt für Schritt an ein neues Muster herantasten, ohne dich zu stressen.

Gewohnheiten aufbauen

👁 Auf einen Blick

- ✔ Gewohnheiten sind Fluch und Segen zugleich.
- ✔ Alle Gewohnheiten laufen nach dem gleichen Muster ab: Auslösereiz – Durchführung – Belohnung.
- ✔ Gewohnheiten können analysiert und verändert werden.
- ✔ Konzentriere dich nur auf eine neue Gewohnheit und teile sie in kleine Mini-Gewohnheiten ein.
- ✔ Übe dein neues Verhaltensmuster regelmäßig und kopple es an feste Gewohnheiten aus deinem Alltag.
- ✔ Plane deine neuen Gewohnheiten fest ein und arbeite am Anfang nicht mit zu großem Druck.

☆ Aufgaben

- ✔ Protokolliere eine Woche lang deine Aktivitäten und notiere jedes Mal, wie viel Zeit du dafür aufwendest!
- ✔ Entscheide dich für eine neue Gewohnheit und kopple diese an eine alte, bestehende Gewohnheit!
- ✔ Plane deine neue Gewohnheit in deinen Alltag ein und führe sie 30 Tage lang einmal täglich aus!

💡 Lesetipps

- ✔ Die Macht der Gewohnheit (C. Duhigg)
- ✔ Viel besser als gute Vorsätze (S. Guisa)
- ✔ Kleine Schritte, die Ihr Leben verändern (R. Maurer)

Geschafft!

Dein Bachelor of Time

Geschafft!

Du bist am Ende deines Bachelor of Time angekommen! Du hast es durchgezogen und dich durch die Grundlagen des Zeitmanagements gekämpft. Du hast die wichtigsten Produktivitätstechniken für Studenten kennengelernt und viele Praxisbeispiele gesehen.

Du weißt jetzt, wie du deine Zeit im Studium besser nutzen kannst und die Macht über deinen Kalender und deine To-do-Listen zurückbekommst – ohne dich dabei vom ganzen Unistress rumschubsen zu lassen.

Eine Frage bleibt aber offen: Wirst du das Wissen und die Techniken aus diesem Buch nutzen, um produktiver zu studieren und mehr Zeit für dich und dein Leben zu haben?

Oder wirst du das Gelesene sofort wieder vergessen und in deinen alten Trott zurückfallen? Wenn du dein Studium positiv verändern möchtest und glücklicher studieren willst, musst du etwas dafür tun: Du musst aktiv an deinem Zeitmanagement arbeiten.

Dieses Buch gibt dir dafür alles, was du brauchst – du hast es selbst in der Hand! Und falls du doch mal die Motivation verlierst und kurz davor bist aufzugeben, habe ich jetzt noch einen Bonus für dich: Ein Monster-Mindset.

Bonus-Semester:

Motiviert bleiben

Wer möchtest du sein?

Das beste Zeitmanagement wird niemals funktionieren, wenn du mit der falschen Einstellung an deine Ziele herangehst. Das heißt: Wenn du von Anfang an negativ eingestellt bist und nicht an dich glaubst, wirst du niemals erfolgreich durchstarten und deine Bestform erreichen.

Wenn du dir einredest, dass du nicht eine halbe Stunde lang konzentriert lernen kannst, wirst du nach fünf Minuten am Schreibtisch fast automatisch aufs Smartphone schauen und dich ablenken. Wenn du dir nicht zutraust, die Klausur sehr gut zu bestehen, wirst du unterbewusst weniger lernen und dich in der Prüfung selbst ausbremsen.

Negatives Mindset = negatives Ergebnis.

Deshalb solltest du versuchen, jeder Aufgabe und jeder Situation etwas Positives abzugewinnen. Denn deine Grundeinstellung hat einen maßgeblichen Anteil an deinem Erfolg oder Misserfolg.

Alle Ratgeber und Coaches sprechen davon: Erfolg hängt sehr stark von der persönlichen Einstellung, den eigenen Gedanken und vom Selbstbild ab.

Positives Denken hilft also. Das ist erstmal nicht neu, führt uns aber einen Schritt weiter zu folgendem Ansatz: Stell dir vor, dass du schon die Person bist, die du in Zukunft sein möchtest!

Das mentale Bild, das du von dir selbst hast, wirkt sich ungeheuer stark auf dein Verhalten aus. Wenn du ständig daran denkst, dass du bereits ein zielorientierter und effizient arbeitender Mensch mit klaren Prioritäten bist, wirst du automatisch so handeln und am Ende zu solch einer Person werden.

Bei fast allen Herausforderungen, die auf uns zukommen, sind wir das größte Hindernis für uns selbst. Weil wir nicht an uns glauben oder uns selbst manipulieren.

Wenn wir diese Stolperfalle aber ausschalten können, indem wir uns direkt als Gewinner betrachten und deswegen zwangsläufig richtig handeln, sind wir fast schon am Ziel.

Denk einfach daran, welche Vorteile es dir bringen wird, wenn du dein Zeitmanagement im Griff hast. Wie wäre es, wenn du viel schneller, effektiver und besser lernen könntest als alle deine Kommilitonen?

Stell dir vor, wie klug und smart du dich durch den Lernstoff arbeitest und wie abgefahren gut deine Noten werden. Stell dir vor, wie glücklich und erleichtert du am Ende bist.

Und dann werde so.

Dein Monster-Mindset

Du kommst jeden Tag in Situationen, in denen du dich selbst motivieren musst. Und das kann manchmal hart sein.

Motivationsprobleme hat jeder. Dabei ist es egal, ob du um acht Uhr in der Vorlesung sein musst oder endlich mit dem Lernen anfangen solltest. Es ist egal, ob du deine Studienarbeit fertig schreiben musst oder dein Studentenjob auf dich wartet.

Was dir in solchen Momenten extrem gut helfen kann, sind positive Gedankenmuster. Gedanken, mit denen du dich selbst wieder aufrichtest, anspornst und zu neuen Höchstleistungen motivierst.

Deshalb bekommst du jetzt 30 positive Gedanken von mir, mit denen du dir sofort eine positive Einstellung herbeizaubern kannst. Wenn dir das nächste Mal die Motivation fehlt und du dich nicht aufraffen kannst, helfen dir die nächsten 30 Sätze garantiert weiter.

1. Ich kann alles.

Das ist vielleicht nur ein einfacher Satz, aber er sorgt dafür, dass du wieder an dich glaubst. Er macht dir bewusst, dass du wirklich alles erreichen kannst, was du dir entschlossen vornimmst.

2. Ich kann das, weil...

Anstatt dich auf die negativen Aspekte zu konzentrieren und darüber nachzudenken, warum du etwas nicht kannst oder wo deine Schwächen liegen, drehst du den Spieß einfach um: Mach dir bewusst, warum du etwas besonders gut kannst.

3. Ich verdiene mehr.

Du verdienst mehr. Limitiere dich nicht selbst und gönne dir mehr vom Leben. Du verdienst ein glücklicheres Studium, bessere Noten und mehr Zufriedenheit in deinem Studentenleben.

4. Es ist niemals zu spät.

Es ist völlig egal, wie alt du bist, wie viele Gelegenheiten du bisher verpasst hast oder an welchem Zeitpunkt du dich in deinem Studium befindest. Es ist niemals zu spät, sich einer neuen Herausforderung zu stellen.

5. Jeder fängt mal an.

Niemand beginnt als Vollprofi oder absoluter Überflieger. Jeder hat mal klein angefangen und sich dann hochgearbeitet. Mach dir das bewusst und lass dich von schwierigen Anfängen nicht abschrecken.

6. Ein Schritt nach dem anderen.

Lass es langsam angehen und überfordere dich nicht. Wenn du direkt alles auf einmal willst, wirst du nie zum Ziel kommen. Zerlege deine Aufgaben in Babyschritte und geh dann deinen Weg.

7. Ich kann nur besser werden.

Jeder hat am Anfang Probleme und Schwierigkeiten. Das ist ganz normal. Der Beginn einer neuen Aufgabe ist immer der anstrengendste und nervigste Teil. Aber es wird besser. Versprochen.

8. Scheitern ist nur temporär.

Wenn du auf dem Weg nach oben mal hinfällst, ist das nicht schlimm. Viele erfolgreiche Menschen sind gescheitert, bevor sie so richtig durchgestartet sind.

9. Aus Fehlern kann ich lernen.

Du brauchst keine Angst davor zu haben, Fehler zu machen. Fehler gehören dazu und sind Möglichkeiten, aus denen du lernen kannst. Nichts anderes.

10. Scheiß auf die Vergangenheit.

Auf die Vergangenheit hast du keinen Einfluss mehr. Also hör auf, vergangenen Chancen hinterherzutrauern und kümmere dich um die Gegenwart.

11. Wäre es einfach, würde es jeder tun.

Du magst Herausforderungen und anspruchsvolle Aufgaben.
Dass es nicht leicht werden würde, wusstest du. Und das darf
jetzt für dich kein Hindernis sein.

12. Negative Gedanken können mich nicht stoppen.

Lass dich nicht von negativen Gedanken aufhalten. Wir alle
zweifeln mal oder stellen uns in Frage. Und das ist auch okay
so. Aber du machst weiter. Ersetze deine negativen Gedanken
durch positive.

13. Ich bin nicht allein.

Egal, ob Familie, Freundeskreis oder Kommilitonen: Du stehst
niemals ganz allein da. Und selbst, wenn du dort keine Unterstützung findest, bist du immer in der Lage, dir eine neue
Gemeinschaft zu suchen.

14. Harte Arbeit zahlt sich immer aus.

Du fühlst dich allein dadurch gut, dass du dich einer Herausforderung gestellt und für deine Ziele gearbeitet hast. Du hast
angefangen und es durchgezogen. Nur das zählt.

15. Ich entscheide selbst über mein Schicksal.

Nur du kannst deine Zukunft beeinflussen. Durch dein Denken und durch dein Handeln. Niemand anderes. Du kannst entscheiden, wer du sein möchtest und hast es selbst in der Hand.

16. Ich habe schon härtere Situationen gemeistert.

Mach dir bewusst, was du schon alles in deinem Leben erreicht hast. Wie oft hast du schon mit dem Rücken zur Wand gestanden und entgegen aller Erwartungen doch noch das Ruder rumgerissen?

17. Jeder Tag zählt.

Heute. Morgen. Übermorgen. Das sind alles kleine Schritte auf deinem Weg zum Erfolg. Arbeite in Etappen und lass dich nicht von großen Aufgaben abschrecken.

18. Es gibt kein Problem, das ich nicht lösen kann.

Du kannst jede Hürde meistern und alle Schwierigkeiten auf dieser Welt aus dem Weg räumen. Du kannst immer an dir arbeiten und dich immer weiter verbessern.

19. Ich kann alles lernen, was ich wissen muss.

Wir leben im Informationszeitalter. Dir steht das gesamte Wissen dieser Welt zur Verfügung und du kannst lernen, was immer du lernen möchtest.

20. Ich kann jede Aufgabe meistern, die auf mich zukommt.

Übung macht den Meister. Wenn du hart und smart arbeitest, kannst du dich in jede Aufgabe reinfuchsen und erfolgreich bestehen.

21. Ich weiß, was ich will.

Du kennst deine Ziele und hast sie fest im Blick. Nebensächlichkeiten interessieren dich nicht, denn du bist fokussiert und entschlossen.

22. Meine Gefühle sind das Produkt meiner Gedanken.

Wenn du ängstlich oder unsicher bist, dann werde dir darüber klar, dass deine Gedanken diese Gefühle verursachen. Dadurch bekommst du die Kontrolle zurück.

23. Es zu versuchen und dabei zu scheitern, ist besser, als gar nichts zu tun.

Jeder kluge Mensch bewundert mutige Entscheidungen. Versuche viel und nimm dabei in Kauf, dass du scheiterst.

24. Ich bin, wer ich sein möchte.

Nichts kann dich davon abhalten, der Mensch zu sein, der du sein möchtest. Die einzige Schranke ist in deinem Kopf. Gute Nachricht: Du kannst die Schranke selbst abbauen!

25. Ich kann nicht gewinnen, wenn ich es nicht versuche.

Um zu gewinnen und am Ende erfolgreich zu sein, musst du es erst einmal versuchen und dich durchbeißen.

26. Über Nacht passieren keine Wunder.

Sei geduldig und erwarte nicht zu viel von dir selbst. Für große Erfolge brauchst du Zeit und Ausdauer. Niemand wird über Nacht zu einem Genie.

27. Wenn ich erst einmal angefangen habe, wird es einfacher.

Der erste Schritt ist oft das größte Hindernis. Aber du schaffst das und kommst danach so richtig in Schwung. Nach dem Start wird es einfacher.

28. Ich belohne mich selbst, wenn ich es geschafft habe.

Wenn du dein Ziel erreicht hast, tust du dir etwas Gutes. Selbst kleine Belohnungen können deine Motivation pushen.

29. Ich werde stolz auf mich sein.

Mach dir klar, wie stolz du auf dich sein wirst, wenn du dein Ziel erreicht hast. Stell es dir bildlich vor und ziehe dich an diesem Gefühl hoch.

30. Nichts und niemand wird mir meine Motivation nehmen.

Du wirst dich niemals entmutigen lassen. Deine Motivation ist riesig und unerschöpflich. Egal, was passiert: Du bist stärker!

Mit diesen 30 Gedanken wirst du dich nie wieder von negativen Gefühlen beherrschen lassen oder in ein Motivationsloch fallen. Positives Denken ist ein starkes Mittel gegen Antriebslosigkeit und die eigene Prokrastination.

Jetzt kannst du dein Studium selbst in die Hand nehmen und dich für jede neue Herausforderung motivieren.

Und das Tag für Tag.

🎁 Auf der allerletzten Seite in diesem Buch wartet noch eine kleine Überraschung auf dich!

Motiviert bleiben

👁 Auf einen Blick

- ✓ Deine Einstellung hat großen Einfluss auf Erfolg oder Misserfolg im Studium.
- ✓ Positives Denken kann dir helfen; negative Gedankenmuster bremsen dich aus.
- ✓ Das mentale Bild, das du von dir selbst hast, wirkt sich stark auf dein Verhalten aus.
- ✓ Stell dir vor, dass du schon die Person bist, die du in Zukunft sein möchtest.

☆ Aufgaben

- ✓ Stell dir genau vor, welche Person du in Zukunft sein möchtest und lege dir ein starkes mentales Bild zu!
- ✓ Erstelle eine Liste mit positiven Eigenschaften, die du gerne hättest und stell dir vor, wie erfolgreich du dadurch sein wirst – je detaillierter, desto besser!
- ✓ Arbeite jeden Tag an deinem positiven Selbstbild!

💡 Lesetipps

- ✓ Drive: Was Sie wirklich motiviert (D. H. Pink)
- ✓ Selbstmotivation (R. Stritzelberger)
- ✓ Magic Monday – 52 Gründe morgens aufzustehen (L. Amend)

Ende

Infos zum Buch

Der Bachelor of Time ist kein langweiliges Fachbuch, vollgestopft mit unverständlicher Theorie – er ist eine praxisorientierte Anleitung, die dir Schritt für Schritt dabei helfen wird, effizienter zu studieren. Vor dir liegt eine komprimierte Sammlung der angesagtesten Zeitmanagement-Methoden, gespickt mit zahlreichen Beispielen aus deinem Studentenalltag.

Aber das ist noch nicht alles: Dieses Buch wurde von unserem kleinen Studienscheiss-Verlag fair und hochwertig produziert. Wir arbeiten mit regionalen Designern, Lektoren und Druckereien zusammen und lassen unsere Bücher komplett in Deutschland herstellen. Alle an der Produktionskette beteiligten Partner werden von uns fair behandelt – und bezahlt.

Allesamt kleine und mittelständische Unternehmen, die mit Herzblut bei der Sache sind und mit denen wir ein gemeinsames Ziel verfolgen: hochwertige Produkte zu erzeugen, die unsere Leser glücklich machen.

Deswegen gibt es unsere gedruckten Bücher nur im hübschen Hardcover-Format, in modernem Buchsatz und mit praktischem Lesebändchen. Für schmalere Budgets bieten wir unsere E-Books zum halben Preis an.

Unsere Bücher entstehen unter nachhaltigen Produktionsbedingungen, schonen die Umwelt und fördern die regionale Wirtschaft. Und genau das unterstützt du, wenn du dir dieses Buch zugelegt hast.

High five dafür!

Über den Autor

Tim Reichel, Jahrgang 1988, studierte nach dem Abitur Wirtschaftsingenieurwesen an der RWTH Aachen. Nach dem Studium ist er zur Promotion an der Uni geblieben und forscht zu den Themen Nachhaltigkeit und Ressourceneffizienz.

Seit fünf Jahren arbeitet er als Fachstudienberater und Koordinator eines Prüfungsausschusses. Dabei coacht er Studenten, berät bei Schwierigkeiten im Studium, schreibt Prüfungsordnungen und begleitet Akkreditierungsverfahren (Letzteres ist sehr, sehr langweilig).

Im Juni 2014 gründete er die Plattform studienscheiss.de. Mit dieser Website hilft er deutschlandweit tausenden Studenten dabei, glücklich und erfolgreich zu studieren.

In seinem Blog veröffentlicht er regelmäßig Artikel zu allen möglichen Themen rund ums Studentenleben und gibt Tipps, wie man den stressigen Unialltag in den Griff bekommen kann.

Das ist Tim

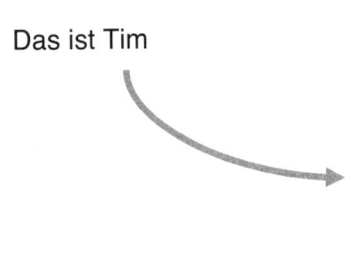

Dankeschön

Ich danke allen Lesern meines Studienscheiss-Blogs. Ohne euch und eure riesige Unterstützung gäbe es meinen Blog und dieses Buch nicht.

Ihr seid die beste Community, die es im deutschsprachigen Raum gibt und ich liebe es, für euch zu schreiben. Danke, dass ihr mich motiviert, kritisiert und immer wieder hinter mir steht. Danke, dass ihr da seid.

Alleine hätte ich dieses Buch niemals schreiben können. Deswegen danke ich besonders den Menschen, die mir dabei geholfen haben: Marie, Kristina, Nadine, Melanie, Claudia, Ansgar und Sajoscha.

Vielen Dank, dass ihr mich ertragen und in jeder schwierigen Situation unterstützt habt. Auch dann, wenn ich nervig und zickig war oder mich einfach blöd angestellt habe.

Eure Verlässlichkeit, eure Geduld und euer Einsatz sind unglaublich und alles andere als selbstverständlich. Ich weiß das wirklich zu schätzen – und danke euch allen von Herzen.

Viel Erfolg!

Hol dir hier deine Überraschung ab:

www.studienscheiss.de/bachelor-of-time-geschenk